à vos fils

W0387656

Crochet

Des créations pour les enfants

Doudous, accessoires et décorations

Virginie KARAKUS
alias *Oh bout du fil*

CreaPassions.com

Dans la même collection :

Éditrice : Emmanuelle PROT
Tél. : 06 14 19 44 21 / Email : eprot@creapassions.com
Maquette :
Réalisation : EDE Creative Studio

ISBN 978-2-8141-0364-1
Creapassions.com
148 rue de l'Université
75007 Paris
www.creapassions.com

La conception et l'impression des ouvrages sont 100% "made in Europe". Tous les papiers utilisés répondent aux normes européennes, nos imprimeurs ont des unités de production modernes et respectant les contraintes environnementales. Notre choix a également un impact direct sur l'emploi en Europe.

100% fabriqué en Europe

Sommaire

Quelques conseils pour commencer

Pour crocheter, vous aurez besoin de très peu de matériel, du fil et un crochet. Les fournitures nécessaires à l'élaboration de chaque projet sont indiquées en début de page, sur chaque tutoriel. Utiliser les fils préconisés dans ce livre vous permettra d'obtenir un résultat semblable au modèle que vous aurez choisi de réaliser. Cependant, vous pouvez adapter la taille de votre crochet en fonction de votre manière de travailler. Si vous crochetez serré, utilisez un crochet de taille supérieure, à l'inverse, si vous avez pour habitude de crocheter lâche, prenez un crochet de plus petite taille.

La majeure partie des modèles proposés dans cet ouvrage se crochètent en spirale. Il est nécessaire de marquer vos tours à chaque début de rang. Pour cela, utilisez un marque tour ou bien un morceau de fil de couleur différente de celui utilisé.

Les fournitures

Vous aurez besoin de :

- Crochets de différentes tailles de 3,5 à 6 mm
- 1 paire de ciseaux
- Matériel de couture comprenant du fil à coudre de différentes couleurs
- Boutons pression à coudre
- Pelotes de fils de différentes qualités
- Yeux de sécurité de 6, 8 et 10 mm
- Ouate de rembourrage pour doudou et jouet
- Aiguille à tapisserie

Les points de base

La maille en l'air (ml)

1. Faites une boucle avec le fil et réalisez un nœud coulant. Passez le crochet au travers de celle-ci.
2. Jetez le fil par-dessus le crochet (= un jeté). Ramenez le fil au travers de la boucle restée sur le crochet. Vous obtenez une maille en l'air.
3. Répétez l'étape 2 et faites autant de ml jusqu'à obtenir le nombre désiré. Vous obtenez une « chaînette ». La chaînette est la base des ouvrages au crochet.

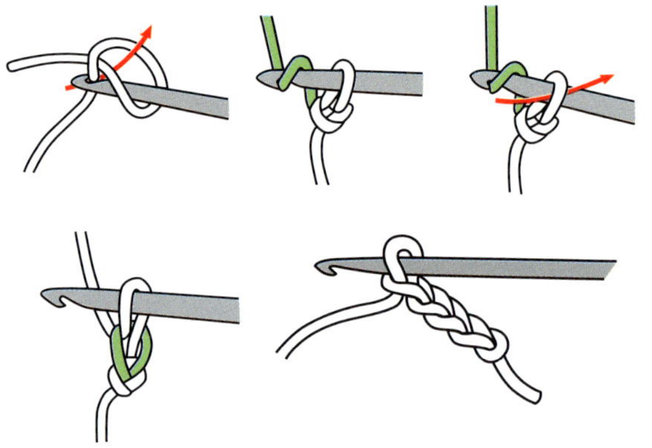

La maille serrée (ms)

1. Piquez le crochet dans la maille suivante. Faites un jeté et tirez le fil à travers la maille.
2. Faites un jeté et ramenez le fil au travers des deux boucles.
3. Vous obtenez une première ms.
4. Pour obtenir des rangs réguliers, commencez toujours votre rang par une ml (pas pour un travail en spirale). Cette première maille n'est pas comptée dans votre rang.

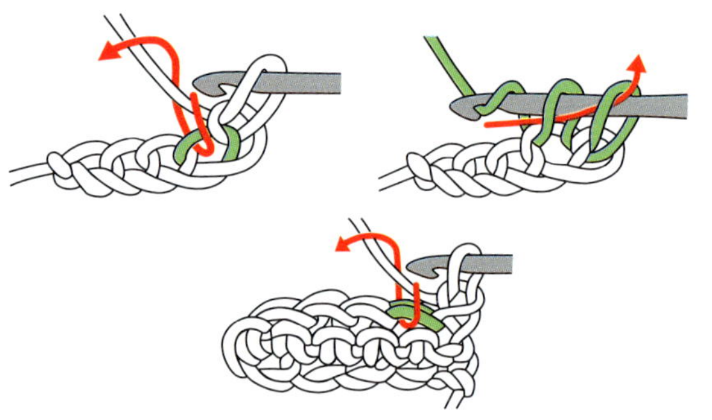

La maille coulée (mc)

1. Piquez le crochet dans la maille suivante.
2. Faites un jeté et ramenez le fil au travers la maille et la boucle sur le crochet.

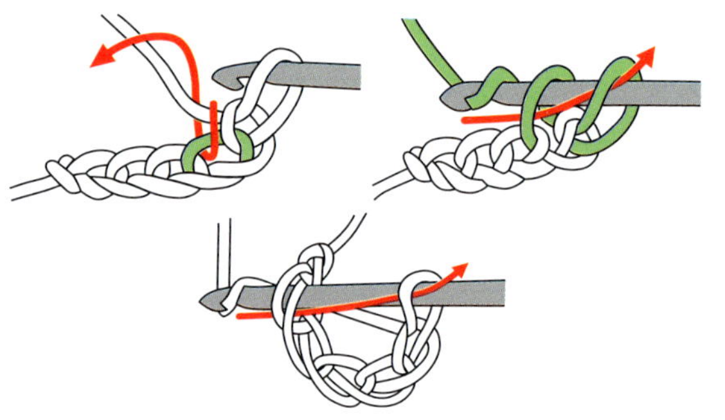

La demi-bride (db)

1. Faites un jeté et piquez le crochet dans la 3e maille à partir de celui-ci ou bien dans la maille indiquée, ramenez-le à travers la maille.
2. Faites un jeté et ramenez le fil à travers trois boucles.
3. Vous obtenez votre 1ère bride. Pour commencer un rang de demi-bride, montez 2 mailles en l'air, celles-ci comptent pour une demi-bride. À la fin de votre rang, piquez le crochet dans la 2e maille en l'air du rang qui précède.

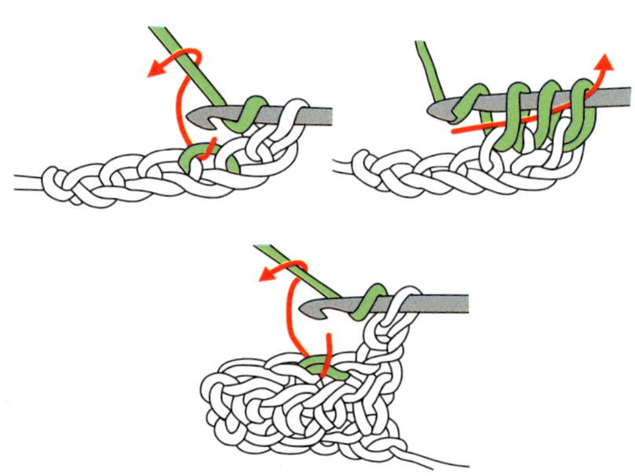

La bride (b)

1. Faites un jeté et piquez dans la 4e maille à partir du crochet ou bien dans la maille indiquée.
2. Faites un jeté et ramenez le fil à travers une boucle. Il reste 3 boucles sur le crochet. Faites un jeté et ramenez le fil à travers deux boucles. Faites un jeté et ramenez le fil à travers les 2 boucles restantes sur le crochet.
3. Continuez l'étape 2 jusqu'à obtenir le nombre de brides souhaitées. Pour commencer un rang de bride, montez 3 mailles en l'air, celles-ci comptent pour une bride. À la fin de votre rang, piquez le crochet dans la 3e maille en l'air du rang qui précède.

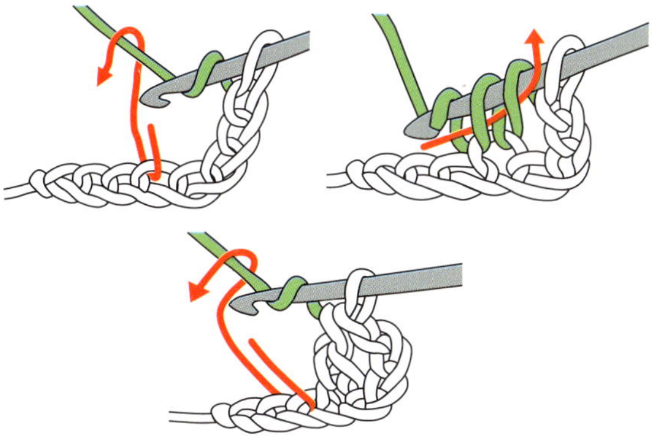

La double bride (dB)

1. Faites 2 jetés. Piquez le crochet dans la 5e maille à partir du crochet ou bien dans la maille indiquée.
2. Faites un jeté. Ramenez le fil à travers une boucle. Faites un jeté. Ramenez le fil à travers deux boucles. Il reste trois boucles sur le crochet. Faites un jeté. Ramenez le fil à travers 2 boucles. Il reste deux boucles sur le crochet. Faites un jeté et ramenez le fil à travers deux boucles. Il reste une boucle sur le crochet.
3. Continuez l'étape 2 jusqu'à obtenir le nombre de dB souhaitées. Pour commencer un rang de dB, montez 4 mailles en l'air, celles-ci comptent pour une double bride. À la fin de votre rang, piquez le crochet dans la 4e maille en l'air du rang qui précède.

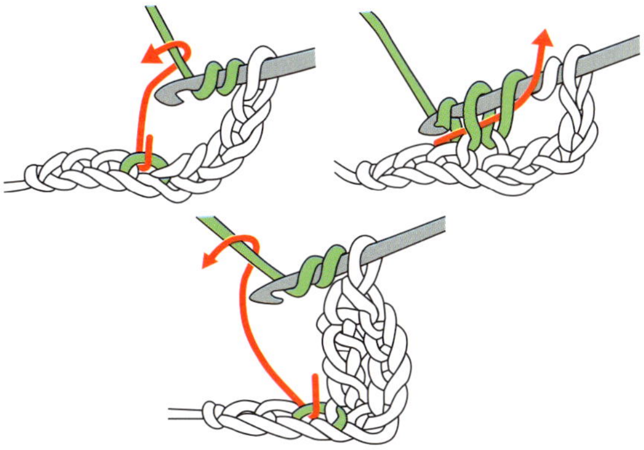

La bride en relief avant (bra)

Pour réaliser une bride en relief, faites un jeté et piquez le crochet autour de la base d'une maille du rang précédent en passant par derrière et en ressortant par devant.

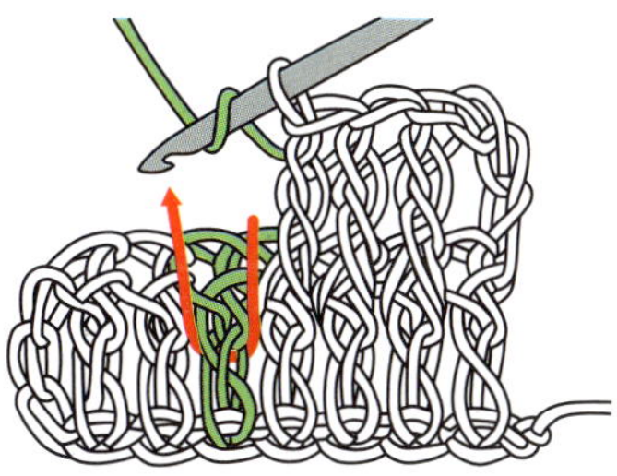

Les hauteurs de points

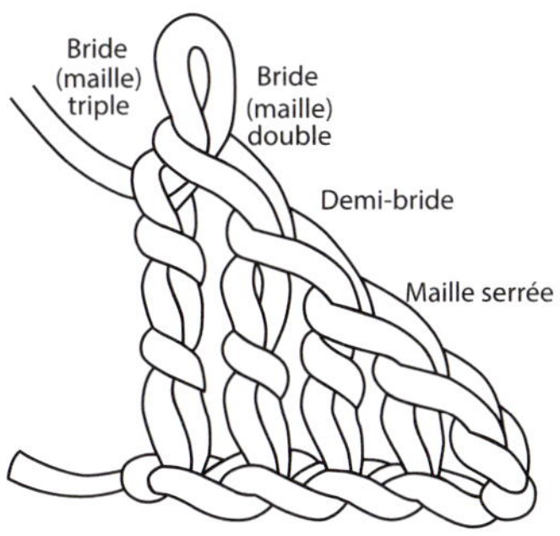

La fin d'un ouvrage

Lorsque vous finissez un ouvrage au crochet, vous devez arrêter le fil et le bloquer pour que la maille ne se défasse pas. Montez une maille en l'air et coupez le fil. Rentrez le fil sur l'envers pour le dissimuler.

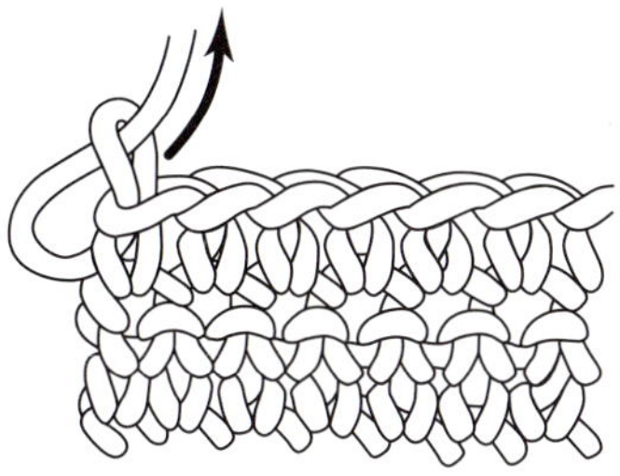

Assemblage et finitions

1.

2.

3.

4.

Rembourrage

Lorsque vous réalisez un doudou, il est judicieux de rembourrer votre ouvrage au fur et à mesure de votre avancée. Pour donner une jolie expression à vos doudous, il n'est pas nécessaire de rembourrer les bras complètement, préférez les remplir à moitié. Ainsi, ils se tiendront bien droit le long du corps. Veillez également à ne pas trop rembourrer les membres au niveau des articulations, il sera alors plus facile de les positionner assis par exemple. Enfin, pensez à fixer les yeux de sécurité à la tête lorsqu'il vous le sera indiqué dans le tutoriel, afin de ne pas vous faire coincer une fois la tête terminée.

Assemblage :

1. Commencez par fixer les oreilles à la tête à l'aide d'une aiguille à tapisserie et d'un fil à coudre de la couleur de la partie à assembler.
2. Fixez la tête au corps avec votre matériel de couture.
3. Fixez les bras juste au-dessous de la tête du doudou puis cousez la queue.
4. L'assemblage est terminé, il ne reste plus qu'à profiter de votre doudou.

▲ Astuce ▼

Utilisez un fil à coudre pour assembler les différentes parties composant un doudou permet d'une part de rendre invisible les coutures et d'autre part de solidifier l'assemblage.

Les abréviations

aug = augmenter, augmentation
av. = avant
b = bride
bra = bride relief avant
chaq = chaque, chacun(e)
db = demi-bride
dB = double bride
derr. = derrière
dim = diminuer, diminution
gr = groupe
m = maille
mc = maille coulée
ml = maille en l'air
ms = maille serrée
nbre = nombre
préc = précédent(e)
rel. = relief
rép. = répéter
rest. = restante(s)
rg(s) = rang(s)
suiv. = suivante(s)
tr(s) = tour(s)

Symboles utilisés dans ce livre :

 maille en l'air

 maille coulée

 maille serrée

 bride

 demi-bride

 double bride

 bride en relief piquée devant bra)

Mes doudous

Marcel le hérisson

Marcel l'hérisson

Marcel le hérisson est un romantique, il aime emmener en ballade sa douce compagne à travers les champs de fleur.

Fournitures

Une pelote Partner 3.5 Camel
Une pelote Partner 6 Canard ou lagon
Une pelote Partner 3.5 Noir
Yeux de sécurité de 6 mm
Ouate rembourrage
Crochet n°3
Crochet n°6
Aiguille à tapissier

Points utilisés : mc, ml, ms.

Note : ce modèle ce crochète en spirale, une fois terminé, Marcel mesure environ 14 cm. Rembourrez votre hérisson au fur et à mesure de votre avancée.

La Tête

Commencez par le museau.

Prenez le fil Camel.

1/ 6 ms dans un cercle magique. Serrez le cercle (6m).
2/ 1 aug (x6) (12m)
3/ 1 ms ds chaq m (12m)
4/ 2 ms, 1 aug (x4) (16m)
5/ 1 ms ds chaq m (16m)
6/ 3 ms, 1 aug (x4) (20m)
7/ 4 ms, 1 aug (x4) (24m)
8/ 5 ms, 1 aug (x4) (28m)
9/ 6 ms, 1 aug (x4) (32m)
10/ 1 ms ds chaq m (32m)
11/ 7 ms, 1 aug (x4) (36m)
12/ 8 ms, 1 aug (x4) (40m)
13/ 1 ms ds chaq m (40m) 1mc, 1ml, coupez le fil.
Fixez les yeux de sécurité au rg 9, espacés de 9 ms.

Finitions : rentrez les fils sur l'envers. Pliez les oreilles en deux et fixez-les dans l'alignement des yeux sur le dernier rang de la tête. Brodez le nez avec le fil noir.

Le Corps

Prenez le fil Canard ou Lagon.
14/ 1 ms ds chaq m (40m). À partir de maintenant, crochetez vos mailles en piquant le crochet dans le brin avant de chaq m.
15/ à 19/ (5rgs) 1 ms ds chaq m (40m)
20/ 8 ms, 1 dim (x4) (36m)
21/ 7 ms, 1 dim (x4) (32m)
22/ 6ms, 1 dim (x4) (28m)
23/ 1 ms ds chaq m (28m)
24/ 5 ms, 1 dim (x4) (24m)
25/ 4 ms, 1 dim (x4) (20m)
26/ 3 ms, 1 dim (x4) (16m)
27/ 2 ms, 1 dim (x4) (12m) 1 mc, 1 ml, coupez le fil en laissant une longueur suffisante pour refermer l'ouverture.

Les Oreilles

Prenez le fil Camel.
1/ Montez 3 mailles chaînettes
2/ Piquez le crochet dans la 2e maille et crochetez 2ms dans les 2 mailles restantes (x2) (4m).
3/ 1 ml pour tourner, 1 aug ds chaq m (x4) (8m) 1 mc, 1ml, coupez le fil. Crochetez une 2e oreille identique.

Marcel l'hérisson

Gustave le cerf

Gustave le cerf

Gustave est un cerf organisé et très ordonné, il passe des heures à ranger ses jolis habits dans sa grande armoire.

Fournitures

1 pelote Partner 3.5 Lichen
1 pelote Partner 3.5 Blanc
1 pelote Partner 3.5 Brume
Yeux de sécurité 6 mm
Ouate de rembourrage
1 crochet n°3
1 aiguille à tapissier

Points utilisés : mc, ml, ms.
Note : ce modèle se crochète en spirale, une fois terminé, Gustave mesure environ 30 cm.

La Tête

Prenez le fil Lichen.

1/ 6 ms dans un cercle magique. Serrez le cercle. (6m)
2/ 1 aug (x6) (12m)
3/ 2 ms, 1 aug (x4) (16m)
4/ 3 ms, 1 aug (x4) (20m)
5/ à 9/ (5rgs) 1 ms ds chaq m (20m)
10/ 4 ms, 1 aug (x4) (24m)
11/ 5 ms, 1 aug (x4) (28m)
12/ 1 ms ds chaq m. (28m)
13/ 6 ms, 1 aug (x4) (32m)
14/ 1 ms ds chaq m (32m)
15/ 7 ms, 1 aug (x4) (36m)
16/ à 18/ (3rgs) 1 ms ds chaq m. (36m)
19/ 7 ms, 1 dim (x4) (32m)
20/ 6 ms, 1 dim (x4) (28m)
21/ 5 ms, 1 dim (x4) (24m), fixez les yeux de sécurité au 14e rg, séparés de 8 m.
22/ 4 ms, 1 dim (x4) (20m)
23/ 3 ms, 1 dim (x4) (16m)
24/ 2 ms, 1 dim (x4) (12m) 1 mc, 1 ml, coupez le fil.
Refermez l'arrière de la tête par quelques points de couture.

Les Oreilles

Continuez avec le fil Lichen. Tournez votre ouvrage à chaque rang.

1/ Montez une chaînette de 3 ml. (3m)
2/ Sautez la 1ère m, 3 ms ds les 2 suivantes. (6m)
3/ 1 ml, 1 aug (x6) (12m)
4/ 1 ml, 2 ms, 1 aug (x4) (16m)
5/ 1 ml, 3 ms, 1 aug (x4) (20m)
6/ 1 ml, 1 ms ds chaq m. (20m) 1 ml, coupez le fil.
Crochetez une 2e oreille identique.

Les Bras, les Jambes et le Corps

Prenez le fil Lichen et suivez les instructions de Martin l'ours brun page 24.

Les Bois

Prenez le fil Blanc.

Les Grands Bois

1/ 10 ms dans 1 cercle magique. Serrez le cercle. (10m)
2/ à 10/ (9rgs) 1 ms ds chaq m (10m) 1 mc, 1 ml, coupez le fil.
Crochetez un 2e bois identique.

Les Bois Moyens

1/ 6 ms dans un cercle magique. Serrez le cercle. (6m)

2/ à 4/ (3rgs) 1 ms ds chaq m. (6m) 1 mc, 1 ml, coupez le fil.

Crochetez un 2e bois identique.

Les Petits Bois

1/ 6 ms dans un cercle magique. Serrez le cercle. (6m)

2/ à 3/ (2rgs) 1 ms ds chaq m. (6m) 1 mc, 1 ml, coupez le fil.

Crochetez un 2e bois identique.

Le Col

Prenez le fil Brume.

1/ Montez une chaînette de 40 ml fermées par 1 mc. (40m)

2/ 1 ms ds chaq m. (40m) 1 mc, 1 ml, coupez le fil. Prenez le fil Blanc

3/ à 4/ (2rgs) 1 ms ds chaq m. (40m) 1 mc, 1 ml, coupez le fil. Prenez le fil Brume.

5/ à 6/ (2rgs) 1 ms ds chaq m. (40m) 1 mc, 1 ml, coupez le fil.

Finitions : rentrez les fils sur l'envers. Fixez les bois à la tête au 19e rg, séparés de 6m. Brodez le nez avec du fil à coudre noir et cousez les bras juste au-dessous de la tête. Fixez une pression dans le dos du pull pour le fermer.

Le Pull

Prenez le fil Brume et suivez les instructions de Martin l'ours brun page 25.

Assemblage des bois

Fixez la partie moyenne des bois au 6e rg du plus grand bois. Fixez ensuite la plus petite partie au 3e rg en face du bois moyen. Procédez de la même manière pour le second bois.

Gustave le cerf

Martin l'ours brun

Martin l'ours brun

Martin est un ours très sociable qui vit à Paris, il est très attaché à son apparence et toujours tiré à quatre épingles !

Fournitures

1 pelote Partner 3.5 Écorce
1 pelote Partner 3.5 Blanc
1 pelote Partner 3.5 Camel
1 pelote Partner 3.5 Brume
1 pelote Partner 3.5 Minerai
Yeux de sécurité 6 mm
Ouate de rembourrage
1 crochet n°3
1 aiguille à tapissier

Points utilisés : mc, ml, ms.

Note : ce modèle se crochète en spirale. Rembourrez de ouate au fur et à mesure de votre avancée. Une fois terminé, Martin mesure environ 27 cm.

La Tête

Prenez le fil Écorce.

1/ 6 ms dans un cercle magique. Serrez le cercle. (6m)
2/ 1 aug (x6) (12m)
3/ 1 ms, 1 aug (x6) (18m)
4/ 2 ms, 1 aug (x6) (24m)
5/ 3 ms, 1 aug (x6) (30m)
6/ 4 ms, 1 aug (x6) (36m)
7/ 1 ms ds chaq m. (36m)
8/ 5 ms, 1 aug (x6) (42m)
9/ à 14/ (6rgs) 1 ms ds chaq m. (42m)
Fixez les yeux de sécurité au rg 9 séparés de 9 mailles.
15/ 5 ms, 1 dim (x6) (36m)
16/ 1 ms ds chaq m. (36m)
17/ 4 ms, 1 dim (x6) (30m)
18/ 1 ms ds chaq m. (30m)
19/ 3 ms, 1 dim (x6) (24m)
20/ 2 ms, 1 dim (x6) (18m) 1 mc, 1 ml, coupez le fil.

Les Oreilles

Continuez avec le fil Écorce.
1/ 6 ms dans un cercle magique.
Serrez le cercle. (6m)
2/ 1 aug (x6) (12m)
3/ 2 ms, 1 aug (x4) (16m)
4/ 3 ms, 1 aug (x4) (20m)
5/ et 6/ (2rgs) 1 ms ds chaq m. (20m)
1 mc, 1 ml, coupez le fil.
Crochetez une 2e oreille identique.

Le Museau

Prenez le fil Camel.
1/ 6 ms dans un cercle magique. Serrez le cercle. (6m)
2/ 1 aug (x6) (12m)
3/ 2 ms, 1 aug (x4) (16m)
4/ 3 ms, 1 aug (x4) (20m)
5/ 1 ms ds chaq m. (20m) 1 mc, 1 ml, coupez le fil.

Les Jambes

Prenez le fil Écorce.
1/ 6 ms dans un cercle magique. Serrez le cercle. (6m)
2/ 1 aug (x6) (12m)
3/ 2 ms, 1 aug (x4) (16m)
4/ à 24/ (21rgs) 1 ms ds chaq m. (16m) 1 mc, 1 ml, coupez le fil. Crochetez une 2e jambe identique. À la fin de votre dernier, tour ne coupez pas le fil.

Finitions : rentrez les fils sur l'envers. Fixez la tête au corps puis cousez le museau sur la partie basse de la tête, brodez ensuite le nez. Cousez les bras juste au-dessous de la tête. Fixez une pression dans le dos du pull pour le fermer.

Le Corps

Il se crochète dans le prolongement des jambes. Continuez avec le fil Écorce.

1/ Joignez avec la 1ère jambe en crochetant 1 ms dans celle-ci puis faites 1 ms ds chaq m. (32m), ceci est le 1er rg du corps.

2/ 7 ms, 1 aug (x4) (36m)

3/ 8 ms, 1 aug (x4) (40m)

4/ à 10/ (7rgs) 1 ms ds chaq m. (40m)

11/ 8 ms, 1 dim (x4) (36m)

12/ à 17/ (6rgs) 1 ms ds chaq m. (36m)

18/ 7 ms, 1 dim (x4) (32m)

19/ à 20/ (2rgs) 1 ms ds chaq m. (32m)

21/ 6 ms, 1 dim (x4) (28m)

22/ à 23/ (2rgs) 1 ms ds chaq m. (28m)

24/ 5 ms, 1 dim (x4) (24m)

25/ 4 ms, 1 dim (x4) (20m)

26/ 3 ms, 1 dim (x4) (16m) 1 mc, 1 ml, coupez le fil.

Les Bras

Continuez avec le fil Écorce.

1/ 6 ms dans un cercle magique. Serrez le cercle. (6m)

2/ 1 aug (x6) (12m)

3/ à 25/ (23rgs) 1 ms ds chaq m. (12m) 1 mc, 1 ml, coupez le fil. Crochetez un 2e bras identique, rembourrez les bras de ouate jusqu'aux ¾.

Le Pull

Prenez le fil Blanc. Tournez l'ouvrage à chaque rang.

1/ Montez une chaînette de 30 ml. (30m)

2/ 1 ml, 4 ms, 8 ml, sautez 8 mailles, 6 ms, 8 ml, sautez 8 m, 4 ms (30m) 1 ml, coupez le fil.

3/ Passez 2 m du rg précédent, 1 ms ds chaq m. (28m)

4/ 1 ml, 6 ms, 1 aug (x4) (32m)

5/ 1 ml, 1 ms ds chaq m (32m)

6/ 1 ml, 7 ms, 1 aug (x4) (36m)

7/ 1 ml, 1 ms ds chaq m. (36m)

8/ 1 ml, 8 ms, 1 aug (x4) (40m)

9/ 1 ml, 1 ms ds chaq m. (40m)

10/ 1 ml, 9 ms, 1 aug (x4) (44m)

11/ à 18/ (8rgs) 1 ms ds chaq m. (44m) 1 ml, coupez le fil.

L'Emmanchure

1/ Crochetez 16 ms au niveau de l'emmanchure. (16m)

2/ à 21/ (20rgs) 1 ms ds chaq m. (16m) 1 mc, 1 ml, coupez le fil. Travaillez de l'autre côté de l'emmanchure de façon identique.

Le Nœud

Prenez le fil Brume.

1/ Montez une chaînette de 10 ml. (10m)

2/ à 6/ (5rgs) 1 ms ds chaq m., crochetez 1 ms tout le tour en faisant 3 ms dans les angles, 1 mc, 1 ml, coupez le fil et fixez le nœud sur le devant du pull en son milieu pour lui donner sa forme.

Le Pantalon

Prenez le fil Camel.

1/ Montez une chaînette de 18 ml fermées par 1 mc. (18m)

2/ à 20/ (19rgs) 1 ms ds chaq m (18m) 1 mc, 1 ml, coupez le fil. Crochetez une seconde jambe identique puis retournez les jambes sur l'envers. Joignez la 1ère jambe à la 2e en crochetant 1 ms dans celle-ci puis 1 ms autour des 2 jambes, vous obtenez 36 m, ceci est votre 21e rg.

22/ 5 ms, 1 aug (x6) (42m)

23/ à 28/ (6rgs) 1 ms ds chaq m. (42m) 1 mc, 1 ml, coupez le fil.

L'Écharpe

Prenez le fil Minerai.

1/ Montez 1 chaînette de 60 ml. (60m)

2/ à 4/ (3rgs) 1 ms ds chaq m. (60m) 1 ml, coupez le fil.

Réalisation des franges :

Découpez 8 brins de laine de 4 cm de long, placez-les ensuite sur chacune des extrémités de l'écharpe à l'aide de votre crochet en faisant une boucle et en tirant à travers celle-ci les 2 brins de laine. Fixez 4 brins de chaque côté de l'écharpe.

Martin l'ours brun

Frimoussette la brebis

Frimoussette la brebis

Fournitures

1 pelote Phil douce 5 Souris
1 pelote cabotine 3.5 Cerise
1 pelote cabotine 3.5 Sable
Yeux de sécurité 6 mm
Ouate de rembourrage
Crochet n°4.5
Crochet n°3
1 aiguille à tapissier

Points utilisés : mc, ml, ms.
Note : ce modèle se crochète en spirale. Rembourrez de ouate au fur et à mesure de votre avancée. Une fois terminée, Frimoussette mesure environ 27 cm.

La Tête

Prenez le fil Sable et le crochet n°3.
1/ 6 ms ds un cercle magique. Serrez le cercle. (6m)
2/ 1 aug (x6) (12m)
3/ 2 ms, 1 aug (x4) (16m)
4/ 3 ms, 1 aug (x4) (20m)
5/ 1 ms ds chaq m. (20m)
6/ 4 ms, 1 aug (x4) (24m)
7/ 5 ms, 1 aug (x4) (28m)
8/ 6 ms, 1 aug (x4) (32m)
9/ 7 ms, 1 aug (x4) (36m)
10/ 1 ms ds chaq m. (36m)
11/ 8 ms, 1 aug (x4) (40m)
12/ 9 ms, 1 aug (x4) (44m)
13/ 1 ms ds chaq m. (44m)
Retournez l'ouvrage sur l'envers et fixez les yeux de sécurité au rg 10 séparés par 10 m. Prenez le fil Souris et le crochet 4.5.
14/ à 15/ (2rgs) 1 ms ds chaq m (44m)
16/ 9 ms, 1 dim (x4)(40m)
17/ 8 ms, 1 dim (x4) (36m)
18/ 7 ms, 1 dim (x4) (32m)
19/ 6 ms, 1 dim (x4) (28m)
20/ 5 ms, 1 dim (x4) (24m)
21/ 4 ms, 1 dim (x4) (20m)
22/ 3 ms. 1 dim (x4) (16m)
23/ 2 ms, 1 dim (x4) (12m) 1 mc, 1 ml, coupez le fil. Refermez l'arrière de la tête par quelques points de couture.

Les Oreilles

Prenez le fil Sable et le crochet n°3.
1/ 6 ms ds un cercle magique. Serrez le cercle. (6m)
2/ 1 aug (x6) (12m)
3/ 2 ms, 1 aug (x4) (16m)
4/ 3 ms, 1 aug (x4) (20m)
5/ à 7/ (3rgs) 1 ms ds chaq m. (20m)
8/ 3 ms, 1 dim (x4) (16m)
9/ 2ms, 1 dim (x4) (12m)
10/ 1 ms, 1 dim (x4) (8m)
11/ 1 ms ds chaq m. (8m) 1 mc, 1 ml, coupez le fil.
Crochetez une 2e oreille identique.

Les Jambes

Continuez avec le fil Sable et le crochet n°3.
1/ 6 ms dans un cercle magique. Serrez le cercle. (6m)
2/ 1 aug (x6) (12m)
3/ 2 ms, 1 aug (x4) (16m)
4/ 3 ms, 1 aug (x4) (20m)
5/ 1 ms ds chaq m (20m)
6/ 4 ms, 1 aug (x4) (24m)
7/ 1 ms ds chaq m. (24m)
8/ 4 ms, 1 dim (x4) (20m)
9/ 3 ms, 1 dim (x4) (16m)
10/ à 28/ (19rgs) 1 ms ds chaq m. (16m) 1 mc, 1 ml, coupez le fil.
Crochetez une 2e jambe identique.

Le Corps

Il se crochète dans le prolongement des jambes. Continuez avec le fil Sable et le crochet n°3.

1/ Joignez la 1ère jambe en crochetant 1 ms dans celle-ci puis faites 1 ms ds chaq m du tr (32m), ceci est le 1er rg du corps.

2/ à 5/ (4rgs) 1 ms ds chaq m. (32m)

6/ 7 ms, 1 aug (x4) (36m)

7/ à 13/ (7rgs) 1 ms ds chaq m. (36m)

14/ 7 ms, 1 dim (x4) (32m)

15/ 1 ms ds chaq m. (32m)

16/ 6 ms, 1 dim (x4) (28m)

17/ à 19/ (3rgs) 1 ms ds chaq m (x4) (28m)

20/ 5 ms, 1 dim (x4) (24m)

21/ 1 ms ds chaq m. (24m)

22/ 4 ms, 1 dim (x4) (20m)

23/ 3 ms, 1 dim (x4) (16m)

24/ à 25/ (2rgs) 1 ms ds chaq m. (16m) 1 mc, 1 ml, coupez le fil.

Les Bras

Continuez avec le fil Sable et le crochet n°3.

1/ 6 ms dans un cercle magique. Serrez le cercle. (6m)

2/ 1 aug (x6) (12m)

3/ 2 ms, 1 aug (x4)(16m)

4/ 3 ms, 1 aug (x4) (20m)

5/ à 6/ (2rgs) 1 ms ds chaq m. (20m)

7/ 3 ms, 1 dim (x4) (16m)

8/ 2 ms, 1 dim (12m)

9/ à 22/ (14rgs) 1 ms ds chaq m. (12m) 1 mc, 1 ml, coupez le fil.

Crochetez un 2e bras identique.

La Robe

Prenez le fil Cerise et le crochet n°3. Tournez l'ouvrage à chaque rang.

1/ Montez une chaînette de 28 ml. (28m)

2/ 1 ml, 4 ms, 8 ml, sautez 8 m, 4 ms, 8 ml, sautez 8 m, 4 ms (28m)

3/ à 4/ (2rgs) 1 ml, 1 ms ds chaq m. (28m)

5/ 1 ml, 6 ms, 1 aug (x4) (32m)

6/ 1 ml, 7 ms, 1 aug (x4) (36m)

7/ 1 ml, 1 ms ds chaq m. (36m)

8/ 1 ml, 8 ms, 1 aug (x4) (40m)

9/ 1 ml, 9 ms, 1 aug (x4) (44m)

10/ 1 ml, 1 ms ds chaq m. (44m)

11/ 1 ml, 10 ms, 1 aug (x4) (48m)

12/ à 13/ (2rgs) 1 ml, 1 ms ds chaq m. (48m)

14/ 1 ml, 11 ms, 1 aug (x4) (52m)

15/ 1 ml, 12 ms, 1 aug (x4) (56m)

16/ à 20/ (5rgs) 1 ml, 1 ms ds chaq m. (56m) 1 ml, coupez le fil.

L'Emmanchure

1/ Crochetez 16 ms au niveau de l'emmanchure. (16m)

2/ à 4/ (3rgs) 1 ms ds chaq m. (16m) 1 mc, 1 ml, coupez le fil. Travaillez de l'autre côté de l'emmanchure de façon identique.

La Cape de Frimoussette

Prenez le fil Cerise et le crochet n°3.

La Capuche

1/ 6 ms ds 1 cercle magique. Serrez le cercle. (6m)

2/ 1 aug (x6) (12m)

3/ 2 ms, 1 aug (x4) (16m)

4/ 3 ms, 1 aug (x4) (20m)

5/ 4 ms, 1 aug (x4) (24m)

6/ 5 ms, 1 aug (x4) (28m)

7/ 6 ms, 1 aug (x4) (32m)

8/ 1 ms ds chaq m. (32m)

9/ 7 ms, 1 aug (x4) (36m)

10/ 8 ms, 1 aug (x4) (40m)

11/ 1 ms ds chaq m. (40m)

12/ 9 ms, 1 aug (x4) (44m)

13/ 1 ms ds chaq m. (44m)

14/ 10 ms, 1 aug (x4) (48m)

15/ 11 ms, 1 aug (x4) (52m)

16/ 12 ms, 1 aug (x4) (56m)

17/ 13 ms, 1 aug (x4) (60m)

18/ 14 ms, 1 aug (x4) (64m)

19/ à 20/ (2rgs) 1 ms ds chaq m. (64m)

21/ 15 ms, 1 aug (x4) (68m)

22/ à 23/ (2rgs) 1 ms ds chaq m. (68m)

Ne coupez pas le fil et continuez à crocheter la cape.

La Cape

Tournez l'ouvrage à chaque rang.

24/ 18 ms, 6ml (24m)

25/ 1 ml, 24 ms, 6 ml (30m)

26/ 1 ml, 1 ms ds chaq m. (30m)

27/ 1 ml, 2 ms, 1 aug (x10) (40m)

28/ 1 ml, 1 ms ds chaq m. (40m)

29/ 1 ml, 3 ms, 1 aug (x10) (50m)

30/ 1 ml, 12 ms, 1 mc, 1 ml, coupez le fil.

Finitions : rentrez les fils sur l'envers. Fixez les oreilles de chaque côté de la tête dans l'alignement des yeux. Cousez la tête au corps puis brodez le nez avec du fil à coudre noir. Fixez les bras au corps juste au-dessous de la tête. Posez une pression au dos de la robe et une autre sur l'avant de la cape.

Frimoussette la brebis

Frimousse le mouton

Frimousse le mouton

Fournitures

1 pelote Phil douce 5 Blanc
1 pelote Cabotine 3.5 Sable
1 pelote Partner 3.5 Minerai
1 pelote Partner 3.5 Blanc
Yeux de sécurité 6 mm
Ouate de rembourrage
Crochet n°4.5
Crochet n°3
1 aiguille à tapisserie

Points utilisés : mc, ml, ms, db.
Note : ce modèle se crochète en spirale. Rembourrez de ouate au fur et à mesure de votre avancée. Une fois terminé, Frimousse mesure environ 27 cm.

La Tête

Prenez le fil Sable et le crochet n°3 et travaillez comme pour Frimoussette (page 22) jusqu'au rg 11. Retournez l'ouvrage sur l'envers et fixez les yeux de sécurité au rg 10 séparés par 10 m. Prenez le fil Phil douce Blanc et le crochet 4.5 et travaillez comme pour Frimoussette jusqu'au rg 21. Refermez l'arrière de la tête par quelques points de couture.

Les Oreilles et les Bras

Prenez le fil Sable et le crochet n°3 et travaillez comme pour Frimoussette, page 28.
Crochetez une 2e oreille et un 2e bras identique.

Les Jambes

Prenez le fil Sable et le crochet n°3 et travaillez comme pour Frimoussette, page 28.
Crochetez une 2e jambe identique.

Le Corps

Il se crochète dans le prolongement des jambes.
Continuez avec le fil Phil douce Blanc et le crochet n°4,5.
1/ Joignez la 1ère jambe en crochetant 1 ms dans celle-ci puis faites 1 ms ds chaq m du tr (32m), ceci est le 1er rg du corps.
2/ à 5/ (4rgs) 1 ms ds chaq m. (32m)
6/ 7 ms, 1 aug (x4) (36m)
7/ à 12/ (7rgs) 1 ms ds chaq m. (36m)
13/ 7 ms, 1 dim (x4) (32m)
14/ 6 ms, 1 dim (x4) (78m)
15/ 5 ms, 1 dim (x4) (24m)
16/ 4 ms, 1 dim (x4) (20m)
17/ 3 ms, 1 dim (x4) (16m)
18/ 1 ms ds chaq m. (16m) 1 mc, 1 ml, coupez le fil.

La Cape de Frimousse

Prenez le fil Minerai et le crochet n°3.

La Capuche

1/ 6 ms ds 1 cercle magique.
Serrez le cercle. (6m)
2/ 1 aug (x6) (12m)
3/ 2 ms, 1 aug (x4) (16m)
4/ 3 ms, 1 aug (x4) (20m)
5/ 4 ms, 1 aug (x4) (24m)
6/ 5 ms, 1 aug (x4) (28m)
7/ 6 ms, 1 aug (x4) (32m)
8/ 1 ms ds chaq m. (32m)

9/ 7 ms, 1 aug (x4) (36m)
10/ 8 ms, 1 aug (x4) (40m)
11/ 1 ms ds chaq m. (40m)
12/ 9 ms, 1 aug (x4) (44m)
13/ 1 ms ds chaq m. (44m)
14/ 10 ms, 1 aug (x4) (48m)
15/ 11 ms, 1 aug (x4) (52m)
16/ 12 ms, 1 aug (x4) (56m)
17/ 13 ms, 1 aug (x4) (60m)
18/ 14 ms, 1 aug (x4) (64m)
19/ à 20/ (2rgs) 1 ms ds chaq m. (64m)
21/ 15 ms, 1 aug (x4) (68m)
22/ à 23/ (2rgs) 1 ms ds chaq m. (68m). Ne coupez pas le fil et continuez à crocheter la cape.

La Cape

Tournez l'ouvrage à chaque rang.
24/ 18 ms, 6ml (24m)
25/ 1 ml, 24 ms, 6 ml (30m)
26/ 1 ml, 1 ms ds chaq m. (30m)
27/ 1 ml, 2ms, 1 aug (x10) (40m)
28/ 1 ml, 1 ms ds chaq m. (40m)
29/ 1 ml, 3 ms, 1 aug (x10) (50m)
30/ 1 ml, 12 ms, 1 ml, coupez le fil.

Le Museau

Reprenez le travail au niveau de la capuche.
1/ Sautez 18 m, 15ms (15m)
2/ 1ml, 1 dim, 11 ms, 1 dim (13m)
3/ 1 ml, 1 dim, 9 ms, 1 dim (11m)
4/ 1 ml, 1 dim, 7 ms, 1 dim (9m)
5/ 1 ml, 1 dim, 5 ms, 1 dim (7m)
6/ 1 ml, 1 dim, 3 ms, 1 dim (5m)
7/ 1 ml, 1 dim, 1 ms, 1 dim (3m)
8/ 1 ml, 1 dim, 1 ms (2m)
9/ 1 ml, 1 dim, 1 ml, coupez le fil.

Les Yeux

Prenez le fil Partner Blanc et le crochet n° 3.
1/ 5 ml fermées par 1 mc.
2/ 2 ml, 9 db, 1 m coulée ds la 2e ml de départ, 1 ml, coupez le fil.

Finitions : rentrez les fils sur l'envers. Fixez les oreilles de chaque côté de la tête dans l'alignement des yeux. Cousez la tête au corps puis brodez le nez avec du fil à coudre noir. Fixez les bras au corps juste au-dessous de la tête. Posez une pression sur l'avant de la cape et fixez les yeux sur la capuche au 14e rg. Brodez ensuite les yeux avec du fil à coudre noir.

Frimousse le mouton

Nougat le panda

Nougat le panda

Nougat le panda vit dans les hautes montagnes de Chine. C'est un petit gourmand, il aime se pavaner dans la forêt à la recherche de tendres pousses de bambou. Le reste du temps, il le passe à dormir dans sa coquette maison !

Points utilisés : mc, ml, ms, db, b.
Note : ce modèle se crochète en spirale. Une fois crocheté, Nougat mesure environ 20 cm. Rembourrez votre panda au fur et à mesure de votre avancée.

La Tête

Prenez le fil Blanc.
1/ 6 ms ds un cercle magique. Serrez le cercle. (6m)
2/ 1 aug (x6) (12m)
3/ 1 ms ds chaq m (12m)
4/ 2 ms, 1 aug (x4) (16m)
5/ 3 ms, 1 aug (x4) (20m)
6/ 4 ms, 1 aug (x4) (24m)
7/ 5 ms, 1 aug (x4) (28m)
8/ 6 ms, 1 aug (x4) (32m)
9/ 1 ms ds chaq m (32m)
10/ 7 ms, 1 aug (x4) (36m)
11/ 8 ms, 1 aug (x4) (40m)
12/ 1 ms ds chaq m (40m)
13/ 9 ms, 1 aug (x4) (44m)
14/ 10 ms, 1 aug (x4) (48m)
15/ 1 ms ds chaq m (48m)
16/ 10 ms, 1 dim (x4) (44m)
17/ à 18/ (2rgs) 1 ms ds chaq m (44m)
19/ 9 ms, 1 dim (x4) (40m)
20/ 8 ms, 1 dim (x4) (36m)
21/ 7 ms, 1 dim (x4) (32m)
22/ 6 ms, 1 dim (x4) (28m)
23/ 5 ms, 1 dim (x4) (24m)
24/ 4 ms, 1 dim (x4) (20m)
25/ 3 ms, 1 dim (x4) (16m)
26/ 2 ms, 1 dim (x4) (12m) 1 mc, 1 ml, coupez le fil. Refermez l'arrière de la tête par quelques points de couture.

Les Yeux

Prenez le fil Noir. 1/ 6 ms ds un cercle magique. Serrez le cercle (6m)
2/ 1 ms, 1 db, 4 b ds la même m, 1 ms, 1 mc, 1 ml, coupez le fil et fixez les yeux de sécurité au centre du cercle. Crochetez un 2e œil identique.

Fournitures

1 pelote Partner 3.5 Noir	Ouate de rembourrage
1 pelote Partner 3.5 Blanc	1 crochet n°3
Yeux de sécurité 6 mm	1 aiguille de tapissier

Les Jambes

Prenez le fil Noir.
1/ 6 ms ds un cercle magique. Serrez le cercle. (6m)
2/ 1 aug (x6) (12m)
3/ 2 ms, 1 aug (x4) (16m)
4/ à 9/ (6rgs) 1 ms ds chaq m (16m)
10/ 3 ms, 1 aug (x4) (20m) 1 mc, 1 ml, coupez le fil.
Crochetez une 2e jambe identique.

Le Corps

Il se crochète dans le prolongement des jambes. Prenez le fil Noir.
1/ Joigniez la 1ère jambe à la 2e en crochetant une ms ds celle-ci. Faites une ms ds chaq m (40m)
2/ à 3/ (2rgs) 1 ms ds chq m (40) 1 mc, 1 ml, coupez le fil. Prenez le fil Blanc.
4/ à 17/ (14rgs) 1 ms ds chaq m (40m)
18/ 8 ms, 1 dim (x4) (36m)
19/ 1 ms ds chaq m (36m)
20/ 7 ms, 1 dim (x4) (32m)
21/ 1 ms ds chaq m (32m) 1 mc, 1 ml, coupez le fil. Prenez le fil Noir.
22/ à 24/ (3rgs) 1 ms ds chaq m (32m)
25/ 6 ms, 1 dim (x4) (28m)
26/ 5 ms, 1 dim (x4) (24m)
27/ 4 ms, 1 dim (x4) (20m) 1 mc, 1 ml, coupez le fil.

Les Bras

Prenez le fil Noir.
1/ 6 ms ds 1 cercle magique. Serrez le cercle (6m)
2/ 1 aug (x6) (12m)
3/ à 22/ (20rgs) 1 ms ds chaq m (12m) 1mc, 1 ml, coupez le fil. Crochetez un 2e bras identique.

Les Oreilles

Prenez le fil Noir.
1/ 6 ms ds un cercle magique. Serrez le cercle (6m)
2/ 1 aug (x6) (12m)
3/ 2 ms, 1 aug (x4) (16m)
4/ à 5/ (2rgs) 1 ms ds chaq m (16m)
1 mc, 1 ml, coupez le fil. Crochetez une 2e oreille identique.

Finitions : fixez la tête au corps, ainsi que les yeux de part et d'autre du museau au rg 9, séparés de 10m. Cousez les bras juste au-dessous de la tête et fixez les oreilles au rg 17, séparées de 10 m. Brodez le nez avec le fil Noir.

Nougat le panda

Mina la souris

Mina la souris

Mina est une coquette petite souris, elle aime se parer de ses vêtements et accessoires préférés.

Fournitures

1 pelote de Partner 3.5 Brume
1 pelote Partner 3.5 Blanc
Yeux de sécurité 6 mm
Ouate de rembourrage
1 crochet n°3
1 aiguille à tapissier
1 pression à coudre

Points utilisés : mc, ml, ms.

Note : ce modèle ce crochète en spirale, une fois terminée, Mina la souris mesure environ 23 cm.

La Tête

Prenez le fil Brume.
1/ 6 ms dans un cercle magique. Serrez le cercle. (6m)
2/ 1 aug (x6) (12m)
3/ 2 ms, 1 aug (x4) (16m)
4/ à 5/ (2rgs) 1 ms ds chaq m. (16m)
6/ 3 ms, 1 aug (x4) (20m)
7/ 4 ms, 1 aug (x4) (24m)
8/ 5 ms, 1 aug (x4) (28m)
9/ 1 ms ds chaq m (28m)
10/ 6 ms, 1 aug (x4) (32m)
11/ 7 ms, 1 aug (x4) (36m)
12/ 1 ms ds chaq m. (36m)
13/ 8 ms, 1 aug (x4) (40m)
Fixez les yeux de sécurité au rang 12 séparés de 11 ms.
14/ à 20/ (7rgs) 1 ms ds chaq m (40m)
21/ 8 ms, 1 dim (x4) (36m) Commencez à rembourrer de ouate, puis continuez à remplir au fur et à mesure de votre avancée.
22/ 7 ms, 1 dim (x4) (32m)
23/ 6 ms, 1 dim (x4) (28m)
24/ 5 ms, 1 dim (x4) (24m)
25/ 4 ms, 1 dim (x4) (20m)
26/ 3 ms, 1 dim (x4) (16m)
27/ 2 ms, 1 dim (x4) (12m) 1 mc, 1 ml, coupez le fil. Refermez l'arrière de la tête par quelques points de couture.

Les Oreilles

Continuez avec le fil Brume.
1/ 6 ms dans un cercle magique.
Serrez le cercle. (6m)
2/ 1 aug (x6) (12m)
3/ 2 ms, 1 aug (x4) (16m)
4/ 3 ms, 1 aug (x4) (20m)
5/ 1 ms ds chaq m. (20m)
6/ 4 ms, 1 aug (x4) (24m)
7/ à 8/ (2rgs) 1 ms ds chaq m (24m)
9/ 4 ms, 1 dim (x4) (20m)
10/ 3 ms, 1 dim (x4) (16m)
11/ 2 ms, 1 dim (x4) (12m) 1 mc, 1 ml, coupez le fil. Crochetez une 2e oreille identique.

Les Jambes

Continuez avec le fil Brume.
1/ 6 ms dans un cercle magique.
Serrez le cercle. (6m)
2/ 1 aug (x6) (12m)
3/ 2 ms, 1 aug (x4) (16m)
4/ à 22/ (19 rgs) 1 ms ds chaq m. (16m) 1 mc, 1 ml, coupez le fil.
Rembourrez les jambes de ouate. Crochetez une 2e jambe identique.
À la fin de votre dernier rang, ne coupez pas le fil.

Le Corps

Il se crochète dans le prolongement des jambes.

Continuez avec le fil Brume.

1/ Joignez avec la $1^{\text{ère}}$ jambe en crochetant 1 ms dans celle-ci puis faites 1 ms ds chaq m du tr (32m), ceci est le 1er rg du corps.

2/ à 11/ (10 rgs) 1 ms ds chaq m. (32m)

12/ 6 ms, 1 dim (x4) (28m)

13/ à 14/ (2rgs) 1 ms ds chaq m. (28m)

15/ 5 ms, 1 dim (x4) (24m)

16/ à 17/ (2rgs) 1 ms ds chaq m. (24m)

18/ 4 ms, 1 dim (x4) (20m)

19/ à 20/ (2rgs) 1 ms ds chaq m. (20m)

21/ 3 ms, 1 dim (x4) (16m)

22/ 1 ms ds chaq m. (16m) 1 mc, 1 ml, coupez le fil.

Les Bras

Continuez avec le fil Brume.

1/ 6 ms dans 1 cercle magique.

Serrez le cercle. (6m)

2/ 1 aug (x6) (12m)

3/ à 19/ (17rgs) 1 ms ds chaq m.

(12m) Rembourrez les bras de ouate jusqu'aux 3/4.

20/ 2 ms, 1 dim (x3) (9m) 1 mc, 1 ml, coupez le fil. Crochetez un 2e bras identique.

La Queue

Continuez avec le fil Brume.

1/ Montez une chaînette de 20 ml. (20m)

2/ 1ml, tournez, 20 ms. (20m)

La Robe

Prenez le fil Blanc. Tournez l'ouvrage à chaque rang.

1/ Montez une chaînette de 32 ml (32m)

2/ 1 ml, 7 ms, 7 ml, sautez 7 m, 4 ms, 7 ml, sautez 7 m, 7 ms (32m)

3/ à 4/ (2rgs) 1 ml, 32 ms (32m)

5/ 1 ml, [2 ms, 1 aug (x10)], 2 ms (42m)

6/ 1 ml, [3 ms, 1 aug (x10)], 2 ms (52m)

7/ 1 ml, [4 ms, 1 aug (x10)], 2 ms (62m)

8/ 1 ml, [5 ms, 1 aug (x10)], 2 ms (72m)

9/ à 21/ (13rgs) 1 ml, 1 ms ds chaq m. (72m), 1 mc, 1ml, coupez le fil.

Finitions : rentrez les fils sur l'envers. Fixez les oreilles à la tête au rang 16 au-dessus des yeux. Retournez la souris et cousez la queue au rang 24 du corps. Fixez la tête au corps puis brodez le nez et les yeux avec du fil à coudre noir. Cousez les bras au corps juste au-dessous de la tête. Fixez le nœud sur le devant de la robe au rang 2 au niveau des 4 ms du buste et cousez la pression au dos de la robe.

Le Nœud

Reprenez le fil Blanc et travaillez comme pour Martin l'ours brun page 25.

Le Bandana

Prenez le fil Poudre. Tournez l'ouvrage à chaque rang.

1/ 2 ml (2m)

2/ 2 ms ds la $1^{\text{ère}}$ m (2m)

3/ 1 ml, 1 aug (x2) (4m)

4/ 1 ml, 1 aug, 2 ms, 1 aug (6m)

5/ 1 ml, 1 aug, 4 ms, 1 aug (8m)

6/ 1 ml, 1 aug, 6 ms, 1 aug (10m)

7/ 1 ml, 1 aug, 8 ms, 1 aug (12m)

8/ 1 ml, 1 aug, 10 ms, 1 aug (14m)

9/ 1 ml, 1 aug, 12 ms, 1 aug (16m)

10/ 1 ml, 1 aug, 14 ms, 1 aug (18m)

11/ 1 ml, 1 aug, 16 ms, 1 aug (20m)

12/ 1 ml, 1 aug, 18 ms, 1 aug (22m)

13/ 1 ml, 1 aug, 20 ms, 1 aug (24m)

14/ 1 ml, 1 aug, 22 ms, 1 aug (26m)

15/ 1 ml, 1 aug, 24 ms, 1 aug (28m)

16/ 1 ml, 1 aug, 26 ms, 1 aug, 4 ml (34m)

17/ 1 ml, 34 ms, 4 ml (38m)

18/ à 19/ (2rgs) 1 ml, 1 ms ds chaq m. (38m) 1 ml, coupez le fil.

Mina la souris

Molly la baleine

Molly la baleine

Fournitures

1 pelote Cabotiner 3.5 Écume
1 pelote Cabotine 3.5 Blanc
Yeux de sécurité 8 mm
Ouate de rembourrage
1 crochet n°3
Aiguille à tapissier

Points utilisés : mc, ml, ms, db.
Note : ce modèle se crochète en spirale. Une fois terminée, Molly mesure 24 cm.

Les Yeux

Prenez le fil blanc.
1/ Crochetez une chaînette de 5 ml fermée par 1 mc.
2/ 2 ml, 9 db, 1 mc dans la 2e ml de départ, 1 mc, 1 ml, coupez le fil. Crochetez une 2e partie identique et insérez les yeux de sécurité au centre du cercle. Vous les fixerez ensuite au corps au rang 14 séparés de 25m.

La Tête et le Corps

Ils se crochètent en 1 partie.
Prenez le fil Écume.
1/ 6 ms dans un cercle magique. Serrez le cercle. (6m)
2/ 1 aug (x6) (12m)
3/ 1 ms, 1 aug (x6) (18m)
4/ 2 ms, 1 aug (x6) (24m)
5/ 3 ms, 1 aug (x6) (30m)
6/ 4 ms, 1 aug (x6) (36m)
7/ 5 ms, 1 aug (x6) (42m)
8/ à 9/ (2rgs) 1 ms ds chaq m (42m)
10/ 6 ms, 1 aug (x6) (48m)
11/ à 14/ (4rgs) 1 ms ds chaq m (48m). Fixez les yeux.
15/ 7 ms, 1 aug (x6) (54m)
16/ à 29/ (14rgs) 1 ms ds chaq m (54m). Commencez à rembourrer de ouate.
30/ 7 ms, 1 dim (x6) (48m)
31/ 1 ms ds chaq m (48m)
32/ 6 ms, 1 dim (x6) (42m)
33/ 1 ms ds chaq m (42m)
34/ 5ms, 1 dim (x6) (36m)
35/ 1 ms ds chaq m (36m)
36/ 4 ms, 1 dim (x6) (30m)
37/ à 38/ (2rgs) 1 ms ds chaq m (30m)
39/ 3 ms, 1 dim (x6) (24m)
40/ 1 ms ds chaq m (24m)
41/ 1 dim, 22 ms (23m)
42/ 1 dim, 21 ms (22m)
43/ 1 dim, 20 ms (21m)
44/ 1 dim, 19 ms (20m)
45/ 1 dim, 18 ms (19m)
46/ 1 dim, 17 ms (18m)
47/ à 48/ (2rgs) 1 ms ds chaq m (18m). Rembourrez légèrement la fin du corps pour permettre à celle-ci de créer une courbe.
49/ 1 ms, 1 dim (x6) (12m)
50/ à 52/ (3rgs) 1 ms ds chaq m (12m)
53/ 1 dim (x6) (6m) 1 ml, refermez l'ouverture par quelques points de couture.

Les Nageoires

Prenez le fil Écume.
1/ 6 ms dans 1 cercle magique. Serrez le cercle (6m)
2/ 1 augm (x6) (12m)
3/ à 5/ (3rgs) 1 ms ds chaq m (12m), 1 mc, 1 ml, coupez le fil. Crochetez une 2e nageoire identique.

La Queue

Reprenez le fil Écume.
1/ 6 ms dans 1 cercle magique. Serrez le cercle. (6m)
2/ 1 ms ds chaq m (6m)
3/ 1 aug (x6) (12m)
4/ 1 ms ds chaq m (12m)
5/ 2 ms, 1 aug (x4) (16m)
6/ à 9/ (4rgs) 1 ms ds chaq m (16m)
10/ 2 ms, 1 dim (x4) (12m)
11/ 1 ms, 1 dim (x4) (8m) Crochetez une 2e partie identique.

Finitions : rentrez les fils sur l'envers, rembourrez la queue et cousez chacune des parties que vous venez de crocheter à l'extrémité du corps de la baleine. Fixez les nageoires au rang 23 en-dessous du niveau des yeux. Pour les positionner de façon symétrique, fixez votre 1ère nageoire puis retournez la baleine sur le dos, il sera ainsi plus facile de repérer l'alignement.

Molly La baleine

Colette la minette

Colette la minette

Colette la minette vit en Bretagne, c'est une aventurière ! Peu importe le temps qu'il fait, elle aime braver vents et marées et jouer sur la plage. Elle ne se sépare jamais de son ciré jaune.

Fournitures

Une pelote Partner Blanc	Yeux de sécurité 6 mm
Une pelote Partner Marin	Ouate de rembourrage
Une pelote Partner Ocre	Crochet n°3

Points utilisés : mc, ml, ms.
Note : ce modèle ce crochète en spirale, une fois terminée, Colette la minette mesure environ 27 cm.

La Tête, les Jambes, le Corps et les Bras

Prenez le fil Blanc et suivez les instructions de Martin l'ours brun page 24.

La Queue

Prenez le fil Blanc.
1/ 10 ms ds un cercle magique. Serrez le cercle. (10ms)
2/ à 18/ (17rgs) 1 ms ds chaq m, 1 mc, 1 ml, coupez le fil.

Les Oreilles

Prenez le fil Blanc.
1/ 6 ms ds un cercle magique. Serrez le cercle. (6m)
2/ 1 ms ds chaq m (6m)
3/ 1 aug (x6) (12m)
4/ 2 ms, 1 aug (x4) (16m) 1 mc, 1 ml, coupez le fil. Crochetez une 2e oreille identique.

La Robe

Prenez le fil Marin.
1/ Montez une chaînette de 30ml, tournez. (30m)
2/ 1 ml, 6 ms, 8 ml, sautez 8 m, 4 ms, 8ml, sautez 8 m, 4 ms (30m) 1 ml, coupez le fil. Prenez le fil Blanc.
3/ Passez 2 m du rg précédent, 1 ms ds chaq m (28m)
4/ 1 ml, 1 ms ds chaq m (28m) 1 ml, coupez le fil. Prenez le fil Marin.
5/ 6 ms, 1 aug (x4) (32m) 1 ml, coupez le fil. Prenez le fil Blanc.
6/ 1 ms ds chq m (32m)
7/ 1 ml, 1 ms ds chaq m (32m) 1 ml, coupez le fil. Prenez le fil Marin.
8/ 7 ms, 1 aug (x4) (36m) 1 ml, coupez le fil. Prenez le fil Blanc.
9/ à 10/ (2rgs) 1 ms ds chaq m (36m) 1 ml, coupez le fil. Prenez le fil Marin.
11/ 8 ms, 1 aug (x4) (40m) 1 ml, coupez le fil. Prenez le fil Blanc.
12/ 9 ms, 1 aug (x4) (44m)
13/ 1 ms ds chaq m (44m) 1 ml, coupez le fil. Prenez le fil Marin.
14/10 ms, 1 aug (x4) (48m) 1 ml, coupez le fil. Prenez le fil Blanc.
15/ à 16/ (2rgs) 1 ms ds chaq m (48m) 1 ml, coupez le fil. Prenez le fil Marin.
17/ 11 ms, 1 aug (x4) (52m) 1 ml, coupez le fil. Prenez le fil Blanc.
18/ à 19/ 1 ms ds chaq m (52m) 1 ml, coupez le fil. Prenez le fil Marin.
20/ 12 ms, 1 aug (x4) (56m)
21/ à 24/ 1 ms ds chaq m (56m) 1 ml, coupez le fil.

Le Nœud

Prenez le fil Ocre et suivez les instructions du nœud de Martin l'ours brun page 25. Fixez le nœud sur le devant de la robe.

Le Cabochon

Prenez le fil Ocre et suivez les instructions du cabochon de Frimoussette la brebis page 29.

Finitions : rentrez les fils sur l'envers. Fixez la tête au corps ainsi que les bras juste au-dessous de celle-ci. Cousez la queue en bas du dos, au-dessus des jambes. Fixez une pression au dos de la robe sur le haut. Brodez le nez.

Colette la minette

Rosy le flamant rose

Rosy le flamant rose

Rosy le Flamant rose vit en Camargue. Il passe la majeure partie de son temps à se prélasser et à se faire dorer le plumage !

Fournitures

Une pelote Partner 3.5 Grenadine
Une pelote Partner 3.5 Poudre
Une pelote Partner 3.5 Noir
Une pelote Partner 3.5 Blanche
Yeux de sécurité 6 mm
Ouate de rembourrage
Crochet n°3
Une aiguille de tapissier

Points utilisés : mc, ml, ms, b, db, dB.
Note : ce modèle ce crochète en spirale. Rembourrez le corps, le cou et la tête au fur et à mesure de votre avancée. Une fois terminé, Rosy mesure environ 36 cm.

Le Corps

Prenez le fil Grenadine.
1/ 6 ms ds un cercle magique. Serrez le cercle. (6m)
2/ 1 ms ds chaq m (6m)
3/ 1 aug (x6) (12m)
4/ 2 ms, 1 aug (x4) (16m)
5/ 3 ms, 1 aug (x4) (20m)
6/ et 7/ (2rgs) 1 ms ds chaq m (20m)
8/ 4 ms, 1 aug (x4) (24m)
9/ 5 ms, 1 aug (x4) (28m)
10/ à 11/ (2rgs) 1 ms ds chaq m (28m)
12/ 6ms, 1 aug (x4) (32m)
13/ 7 ms, 1 aug (x4) (36m)
14/ à 15/ (2rgs) 1 ms ds chq m (36m)
16/ 8 ms, 1 aug (x4) (40m)
17/ 9 ms, 1 aug (x4) (44m)
18/ à 19/ (2rgs) 1 ms ds chaq m (44m)
20/ 10 ms, 1 aug (x4) (48m)
21/ 11 ms, 1 aug (x4) (52m)
22/ 12 ms, 1 aug (x4) (56m)
23/ à 27/ (5rgs) 1 ms ds chaq m (56m)
28/ 12 ms, 1 dim (x4) (52m)
29/ 11 ms, 1 dim (x4) (48m)
30/ à 32/ (3rgs) 1 ms ds chaq m (48m)
33/ 10 ms, 1 dim (x4) (44m)
34/ 9 ms, 1 dim (x4) (40m)
35/ 1 ms ds chaq m (40m)
36/ 8 ms, 1 dim (x4) (36m)
37/ 1 ms ds chaq m (36m)
38/ 7 ms, 1 dim (x4) (32m)
39/ 1 ms ds chaq m (32m)
40/ 6 ms, 1 dim (x4) (28m)
41/ à 43/ (3rgs) 1 ms ds chaq m (28m)
44/ 13 ms, 1 dim, 13 ms (27m)
45/ 13 ms, 1 dim, 12 ms (26m)
46/ 13 ms, 1 dim, 11 ms (25m)
47/ 13 ms, 1 dim, 10 ms (24m)
48/ 13 ms, 1 dim, 9 ms (23m)
49/ 13 ms, 1 dim, 8 ms (22m)
50/ à 71/ (21rgs) 1 ms ds chaq m (22m)
72/ 6 ms, 1 aug (x3) (24m)
73/ 7 ms, 1 aug (x3) (27m)
74/ 8 ms, 1 aug (x3) (30m)
75/ à 76/ (2rgs) 1 ms ds chaq m (30m)
77/ 1 dim, 1 ms ds chaq m (29m)
78/ 1 dim, 1 ms ds chaq m (28m)
79/ 1 dim, 1 ms ds chaq m (27m)
80/ 1 ms ds chaq m (27m)
81/ 7 ms, 1 dim (x3) (24m) 1 mc, 1 ml, coupez le fil. Prenez le fil Blanc.
82/ 6 ms, 1 dim (x3) (21m)
83/ 1 ms ds chaq m (21m) 1 mc, 1ml, coupez le fil. Prenez le fil Poudre.
84/ à 86/ (3rgs) 1 ms ds chaq m (21m)
87/ 5 ms, 1 dim (x3) (18m) 1 mc, 1 ml, coupez le fil. Prenez le fil Noir. Ne rembourrez pas cette partie.
88/ 1 ms ds chaq m (18m)
89/ 4 ms, 1 dim (x3) (15m)
90/ à 91/ (2rgs) 1 ms ds chaq m (15m)
92/ 3 ms, 1 dim (x3) (12m)
93/ 1 ms ds chaq m (12m)
94/ 2 ms, 1 dim (x3) (9m)
95/ 1 ms ds chaq m (9m)
96/ 1 ms, 1 dim (x3) (6m)
97/ 1 dim (x3) 1 mc, 1 ml, coupez le fil.

Les Yeux

Prenez le fil Blanc.

1/ 6 ms ds un cercle magique. Serrez le cercle, 1 mc, 1 ml, coupez le fil et fixez les yeux de sécurité au centre du cercle. Crochetez un 2e œil identique.

Les Jambes

Prenez le fil Poudre.

1/ 6 ml fermées par 1 mc (6m)

2/ à 13/ (12rgs) 1 ms ds chaq m (6m)

14/ 1 aug (x6) (12m)

15/ 1 ms ds chaq m (12m)

16/ 1 dim (x6) (6m)

17/ à 37/ (20 rgs) 1 ms ds chaq m (6m)

38/ 1 aug (x6) (12m)

39/ 2 ms, 1 aug (x4) (16m)

40/ 3 ms, 1 aug (x4) (20m)

41/ Travaillez sur 7 m, 7 ms, tournez (7m)

42/ 1 ml, 7 ms, tournez (7m)

43/ 1 ml, 1 dim, 3 ms, 1 dim, tournez (5m)

44/ 1 ml, 1 dim, 1 ms, 1 dim, tournez (3m)

45/ 1 ml, 1 dim, 1 ms, tournez (2m)

46/ 1 ml, 1 dim, crochetez un tr de ms tout autour de la patte, 1 mc, 1 ml, coupez le fil. Prenez le fil Grenadine et brodez les pattes.

Astuces : si Rosy n'est pas destiné à un jeune enfant, vous pouvez armer ses pattes avec un fil de fer câblé, fermez ensuite par quelques points de couture le dessous de chaque patte. Pour lui donner un air gracieux, il est également possible de glisser, dans son corps et son cou, un fil de fer câblé pour le maintien de sa tête vers le haut.

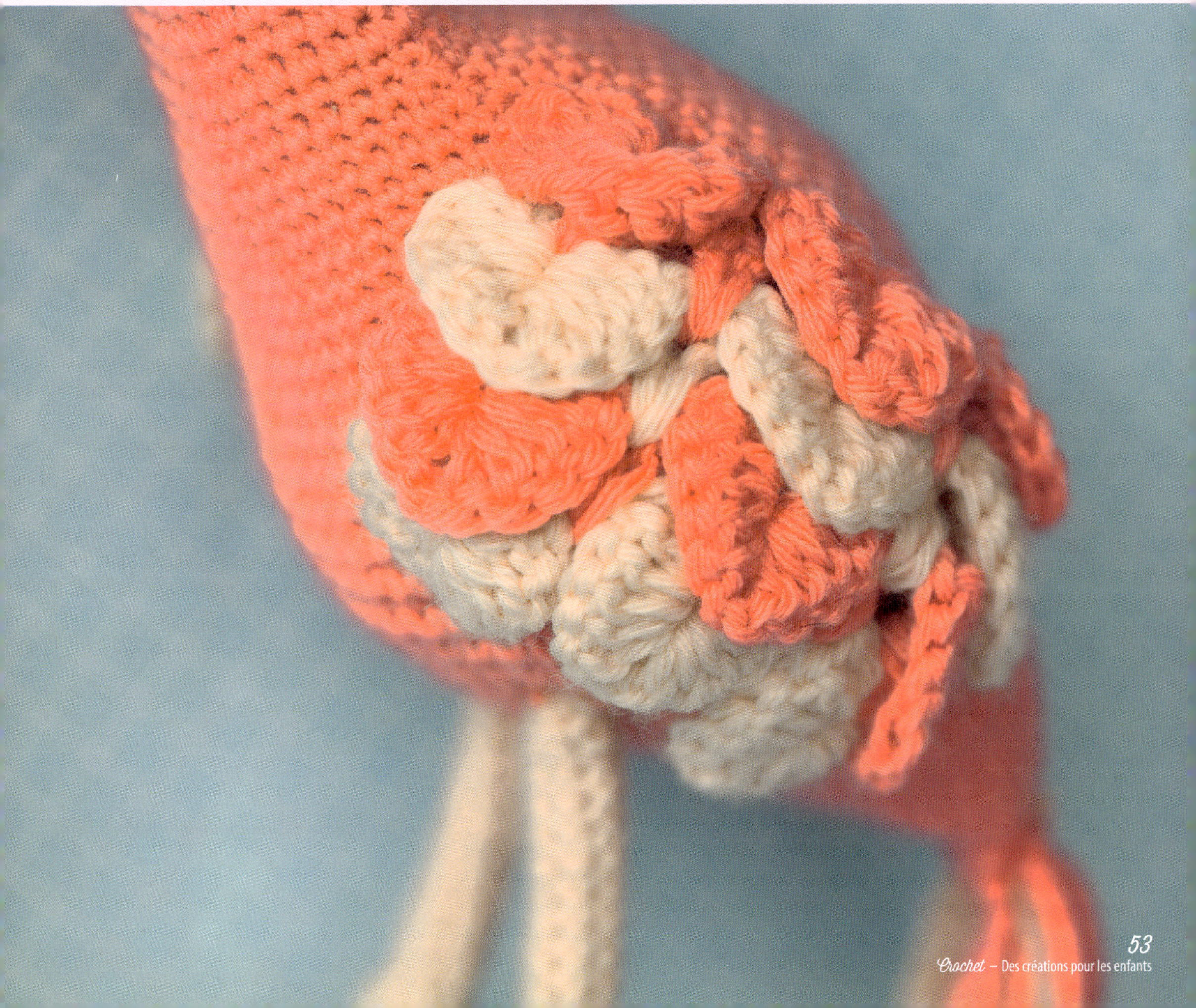

1

Les Ailes

Pour crocheter les ailes, suivez le pas à pas en images :

Étape 1 (photos 1 et 2)

Prenez le fil Poudre.

1/ Montez une chaînette de 12 ml (12m)

2/ 3 ml, 1 b ds la 3e b en partant du crochet, 2 ml, sautez 2 m, * 2 b ds la même m, 2 ml, sautez 2 m * répétez de * à * jusqu'à la fin du rang.

3/ 3 ml, 4 b entre les 2 b du rg précédent en passant le crochet der. la b de gauche, sautez le 2e gr. de b et procédez de la même manière, * 5 b au centre des 2 b suiv. en passant le crochet der. la b de droite, 1 ml, sautez le gr. de b qui suit * répétez de * à * jusqu'à la fin du rg., vous obtenez 3 motifs écailles, tournez le travail et crochetez 1 mc sur l'arrière du travail entre le groupe de 2 b du rg. précédent, 1 ml, coupez le fil.

2

Étape 2 (photos 3 et 4)

Prenez le fil Grenadine.

4/ Montez 3 ml entre le 1er gr. de b, 2 ml, * 2 b dans le second groupe de 2b, 2 ml * répétez de * à * jusqu'au dernier gr. de 2 b, tournez.

5/ * 5 b en passant le crochet der. la b de droite, 1 ml, 5 b en passant le crochet der. la b de gauche, 1 ml, sautez le groupe de 2 b suiv. * répétez de * à * tout le rg., tournez, 1 mc ds le gr. de 2b du rg. précédent, 1 ml, coupez le fil. Alternez ensuite les étapes précédentes.

Étapes 3 et 4

Prenez le fil Poudre.

6/ Travaillez comme au rg. 4

7/ Travaillez comme au rg. 5. Prenez le fil Grenadine.

8/ Travaillez comme le rg. 4.

9/ Travaillez comme le rg. 5. Crochetez une 2e aile identique.

3

Les Plumes

Avec le fil Grenadine, crochetez 2 petites plumes, et une grande. Avec le fil Poudre, crochetez 2 petites plumes, et une grande.

Petites Plumes

1/ Montez une chaînette de 13 ml, tournez. (13m)

2/ 1 ml, 3 ms, 2 db, 3 b, 2 dB, 3ms, 1ml, coupez le fil.

Grandes Plumes

1/ Montez une chaînette de 20 ml, tournez (20m)

2/ 1 ml, 3 ms, 3 db, 3 b, 3 dB, 2 b, 3 db, 3 ms, 1ml, coupez le fil.

4

Finitions : rentrez les fils sur l'envers. Fixez les yeux de chaque côté de la tête au rg. 80, séparés de 10 m. Fixez les pattes sous le ventre au rg. 17, séparées de 5 m. Fixez les ailes de chaque côté du corps dans l'alignement des pattes. Cousez les plumes en éventail au dos de Rosy comme sur le visuel page 51.

Rosy le flamant rose

Mes petits accessoires

Les panières gigognes

Les panières gigognes

Crochetées dans des tons pastels, ces panières gigognes à poser sur une commode ou bien à suspendre, trouveront leur place partout dans la maison.

Fournitures

1 pelote Aviso 5 Perle	1 pelote Aviso 5 Blanc
1 pelote Aviso 5 Poudre	1 crochet n° 4.5

Points utilisés : mc, ml, ms.

Note : les corbeilles se crochètent en spirale.
Dimensions des panières :
Grand modèle : H 13 cm, L 16 cm
Panière moyenne : H 13 cm, L 15 cm
Petit modèle : H 11cm, L 10 cm

Grand Modèle

Prenez le fil Poudre.
1/ 6 ms dans un cercle magique (6m)
2/ 1 aug (x6) (12m)
3/ 1 ms, 1 aug (x6) (18m)
4/ 2 ms, 1 aug (x6) (24m)
5/ 3 ms, 1 aug (x6) (30m)
6/ 4 ms, 1 aug (x6) (36m)
7/ 5 ms, 1 aug (x6) (42m)
8/ 6 ms, 1 aug (x6) (48m)
9/ 7 ms, 1 aug (x6) (54m)
10/ 8 ms, 1 aug (x6) (60m)
11/ 9 ms, 1 aug (x6) (66m)
12/ 1 ms ds chaq m (66m)
13/ 10 ms, 1 aug (x6) (72m)
14/ 11 ms, 1 aug (x6) (78m)
15/ 12 ms, 1 aug (x6) (84m)
16/ à 32/ (17rgs) 1 ms ds chaq m. (84m)
À la fin du dernier rg., arrêtez-vous à l'avant dernière m. du tr., montez une chaînette de 25 ml et faites 1 ms dans la dernière maille, 1 mc, 1 ml, coupez le fil.

Taille Moyenne

Prenez le fil Perle. Répétez les étapes 1/ à 11/ du grand modèle.
12/ à 30/ (19rgs) 1 ms ds chaq m (66m). À la fin du dernier rg., arrêtez-vous à l'avant dernière maille, montez une chaînette de 20 ml et faites 1 ms dans la dernière m., 1 mc, 1 ml, coupez le fil.

Petite Taille

Prenez le fil Blanc. Répétez les étapes 1/ à 8/ du grand modèle.
9/ à 24/ (16rgs) 1 ms ds chaq m (48m). À la fin du dernier rang, arrêtez-vous à l'avant dernière m., montez une chaînette de 15 ml et faites 1 ms dans la dernière maille, 1 mc, 1 ml, coupez le fil.

Finitions : rentrez les fils sur l'envers, roulotez les bords de vos panières ou suspendez-les par le lien.

La couverture

La couverture

Cette couverture chaude et douillette avec poche à doudou accompagnera les enfants en ballade et deviendra vite l'indispensable des sorties.

Fournitures

7 pelotes Partner 6 Poudre	1 crochet n°3
1 Pelote Partner 3.5 Blanc	1 crochet n°6
1 pelote Partner Brume	1 aiguille à tapissier
1 pelote Partner 3.5 Poudre	

Points utilisés : ms, ml, mc.
Note : une fois terminée, la couverture mesure 80 x 56 cm. Afin d'aérer les mailles, le point est crocheté très lâche, si vous crochetez serré, prenez un crochet de taille supérieure.

La Couverture

Prenez le fil Poudre en 6 mm et le crochet n°6.
1/ Montez une chaînette de 78 ml, tournez. (78m)
2/ 1 ml, * 1 ms, 1 ml, passez 1 m * répétez de * à * tout le rg et terminez par 1 ms, tournez. (78m)
3/ 1 ml, * 1ms sur la ml du rg précédent, 1 ml, passez 1 ms *, répétez de * à * tout le rg et terminez par 1 ms, tournez. (78m)
4/ à 95/ (92rgs) Travaillez comme au rg 3, à la fin du dernier rg, ne coupez pas le fil. (78m)

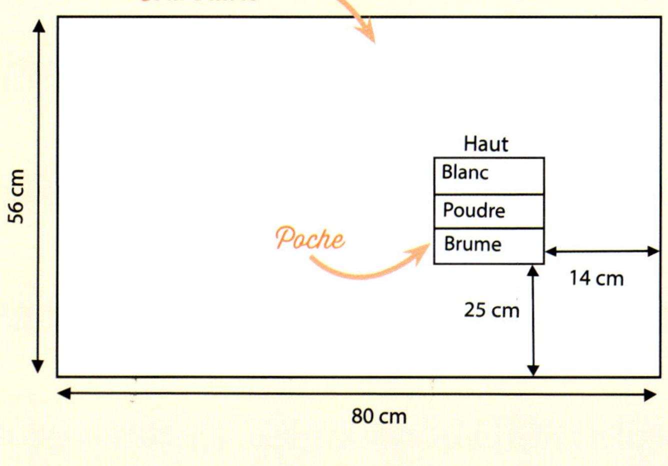

La Bordure

Prenez le fil poudre 3.5 et le crochet n°3.
1/ 1 ms toutes les 2 m, crochetez 3 ms dans les angles.
2/ à 5/ 1 ms ds le brin arrière de chaq m sur tout le tr., 3 ms ds les angles, à la fin du 5e rgs, 1 mc, 1 ml, coupez le fil.

La Poche

Prenez le fil Brume et le crochet n°3.
1/ Montez une chaînette de 30 ml, tournez. (30m)
2/ à 10/ (9rgs) 1 ml, 1 ms ds chaq m (30m) au dernier rg, 1 ml, coupez le fil.
Prenez le fil Poudre.
11/ à 20/ (10 rgs) 1 ms ds chaq m (30m) au dernier rg, 1 ml, coupez le fil.
Prenez le fil Blanc.
21/ à 30 / (10rgs) 1 ms ds chaq m (30m) au dernier rg, 1 ml, coupez le fil.

Finitions : rentrez les fils sur l'envers. Posez votre couverture à plat sur l'endroit, positionnez la poche en vous basant sur le schéma ci-contre et cousez-la.

La couverture

Le hochet éléphant et l'attache-tétine

Le hochet éléphant et l'attache-tétine

Les bébés vont adorer agiter le grelot de ce hochet éléphant. Cet ensemble hochet et attache tétine, plein de douceur, composera un joli cadeau de naissance.

Fournitures

1 pelote Cabotine Écume
1 pelote Cabotine Blanc
1 œil de sécurité 6 mm
Ouate de rembourrage
1 crochet n°3
1 grelot
1 aiguille à tapissier

Points utilisés : mc, ml, ms, bra.

Note : la tête de l'éléphant se crochète en spirale et le manche de façon tubulaire.

La Tête de l'éléphant

Prenez le fil Écume.
1/ 6 ms dans un cercle magique. Serrez le cercle. (6m)
2/ 1 aug (x6) (12m)
3/ 2 ms, 1 aug (x4) (16m)
4/ 3 ms, 1 aug (x4) (20m)
5/ 4 ms, 1 aug (x4) (24m)
6/ 5 ms, 1 aug (x4) (28m)
7/ 6 ms, 1 aug (x4) (32m)
8/ 1 ms ds chaq m. (32m)
9/ 7 ms, 1 aug (x4) (36m) Fixez les yeux de sécurité au rg 9, comptez 7 m. et brodez le clin d'œil avec du fil à coudre noir.
10/ à 11/ (2rgs) 1 ms ds chaq m. (36m)
12/ 7 ms, 1 dim (x4) (32m)
13/ 1 ms ds chaq m. (32m)
14/ 6 ms, 1 dim (x4) (28m)
15/ 5 ms, 1 dim (x4) (24m)
16/ 4 ms, 1 dim (x4) (20m) Introduisez le grelot et rembourrez de ouate.
Crochetez la trompe :
17/ 4 ml, sautez 3 m., piquez le crochet ds la 4e m. et crochetez 1 ms ds chaq m. (7m)
18/ à 21/ (4rgs) 1 ms ds chaq m. (7m) 1 mc, 1 ml, coupez le fil.

Les Oreilles

Continuez avec le fil Écume.
1/ 6 ms dans un cercle magique.
Serrez le cercle. (6m)
2/ 1 aug (x6) (12m)
3/ 2 ms, 1 aug (x4) (16m)
4/ à 6/ (3rgs) 1 ms ds chaq m. (16m) 1 mc, 1 ml, coupez le fil.
Crochetez une 2e oreille identique.

Le Manche

Prenez le fil Écume.
1/ Montez 1 chaînette de 12 ml fermées par 1 mc. (12m)
2/à 8/ (7rgs) 1 ms ds chaq m. (12m) 1 mc, 1 ml, coupez le fil. Prenez le fil blanc.
9/ à 16/ (8rgs) 1 ms ds chaq m. (12m) 1 mc, 1 ml, coupez le fil.
10/ à 17/ (8rgs) Travaillez comme au rg 2.
18/ à 25/ (8rgs) Travaillez comme au rg 9. Rembourrez le tube de ouate et joignez l'extrémité des 2 bouts avec une couture.

L'Attache-tétine

Prenez le fil Écume. Tournez l'ouvrage à chaque rg.
1/ Crochetez 8 ms à travers l'encoche de la pince (8m)
2/ 1 ml, 3 ms, 1 bra, 1 bra, 3 ms (8m)
3/ 1 ml, 1 ms ds chaq m. (8 m)
4/ 1 ml, 1 ms, 1 bra dans la 1ère bra du rg précédent, 4 ms, 1 bra ds la 2e bra du rg précédent, 1 ms ds la dernière m. (8m)
5/ 1 ml, 1 ms ds chaq m. (8m)
6/ Travaillez comme le rg 4 (8m)
7/ Travaillez comme le rg 3 (8m)
8/ Travaillez comme le rg 2 (8m)
9/ Travaillez comme le rg 3 (8m)
10/ Travaillez comme le rg 2 (8m)
11/ Travaillez comme le rg 3 (8m)
12/ Travaillez comme le rg 4 (8m)
13/ Travaillez comme le rg 3 (8m)
14/ Travaillez comme le rg 4 (8m)
15/ à 22/ (8rgs) Travaillez comme les rgs 7 à 14 (8m)
23/ à 33/ (11rgs) Travaillez comme les rgs 15 à 25 (8m)
34/ à 44/ (11rgs) Travaillez comme les rgs 4 à 14 (8m)
45/ à 55/ (11rgs) Travaillez comme les rgs 23 à 33 (8m)
56/ Travaillez comme le rg 2 (8m)
57/ Travaillez comme le rg 3 (8m)
58/ 1 ml, 4 ms, 40 ml, 4 ms (48m) 1 ml, coupez le fil.

Finitions : rentrez les fils sur l'envers. Fixez les oreilles de chaque côté de la tête au rg 6, séparées de 15 m et la tête au manche.

Le hochet éléphant et l'attache-tétine

Le couffin

Le couffin

Les enfants s'amuseront à pouponner leur doudou préféré avec ce couffin composé de 2 coussins et d'une couverture.

Fournitures

2 pelotes Aviso 5 Naturel
1 pelote Aviso 5 Sorbet
1 pelote Aviso 5 Blanc
1 crochet n° 4.5
1 pelote cabotine 3.5 Sorbet
1 crochet n° 3
2 coupons de tissu Liberty 11 x 11 cm

Points utilisés : mc, ml, ms.

Note : ce modèle se crochète en spirale, une fois terminé, le couffin mesure 28 x 16 cm.

Le Couffin

Prenez le fil Naturel.
1/ Montez une chaînette de 32 ml, tournez.
2/ 1 ms sur les 30 ml, 2 ms dans la suiv., continuez à crocheter de l'autre côté de la chaînette, 30 ms, 2 ms dans la dernière. Ceci est votre 1er tour (64m)
3/ 1 aug, 29 ms, 1 aug ds les 3 ms, 29 ms, 1 aug ds les 2 m. suiv., suiv. (70m)
4/ 1 aug, 1 ms, 29 ms, * 1 aug, 1 ms * répétez de * à * 3 fois, 29 ms, * 1 aug, 1 ms * répétez de * à * 2 fois (76m)
5/ 1 aug, 2 ms, 29 ms, * 1 aug, 2 ms, * répétez de * à * 3 fois, 29 ms, * 1 aug, 2 ms * répétez de * à * 2 fois (82m)
6/ 1 aug, 3 ms, 29 ms, * 1 aug, 3 ms, * répétez de * à * 3 fois, 29 ms, * 1 aug, 3 ms * répétez de * à * 2 fois (88m)
7/ 1 aug, 4 ms, 29 ms, * 1 aug, 4 ms, * répétez de * à * 3 fois, 29 ms, * 1 aug, 4 ms * répétez de * à * 2 fois (94m)
8/ 1 aug, 5 ms, 29 ms, * 1 aug, 5 ms, * répétez de * à * 3 fois, 29 ms, * 1 aug, 5 ms * répétez de * à * 2 fois (100m)
9/ 1 aug, 6 ms, 29 ms, * 1 aug, 6 ms, * répétez de * à * 3 fois, 29 ms, * 1 aug, 6 ms * répétez de * à * 2 fois (106)
10/ 1 aug, 7 ms, 29 ms, * 1 aug, 7 ms, * répétez de * à * 3 fois, 29 ms, * 1 aug, 7 ms * répétez de * à * 2 fois (112)
11/ 1 aug, 8 ms, 29 ms, * 1 aug, 8 ms, * répétez de * à * 3 fois, 29 ms, * 1 aug, 8 ms * répétez de * à * 2 fois (118m)
12/ 1 ms en piquant le crochet dans la m. arr. de chaq m. tout le tr. (118m)
13/ à 22/ (10rgs) 1 ms ds chaq m. (118m)
23/ 16 ms, formez ensuite la 1ère anse en crochetant 22 ml, sautez 15 ms, 44 ms, crochetez la seconde anse en crochetant 22 ml, sautez 15 ms, 27 ms (131m)
24/ 16 ms, 22 ms sur les 22 ml du tour précédent, 44 ms, 22 ms sur les 22 ml du tour précédent, crochetez 27 ms (131m)
25/ 1 ms tout le tour (131m) 1 mc, 1 ml, coupez le fil.

Le Coussin en forme de cœur

Prenez le fil Cabotine sorbet.
1/ 6 ms dans un cercle magique. Serrez le cercle. (6m)
2/ 1 aug (x6) (12m)
3/ 2 ms, 1 aug (x4) (16m)
4/ 3 ms, 1 aug (x4) (20m)
5/ 4 ms, 1 augm (x4) (24m)
6/ à 7/ (2rgs) 1 ms ds chaq m. (24m) 1 ms, 1 ml, coupez le fil.
Crochetez une 2e partie identique. À la fin de votre dernier rang, ne coupez pas le fil et joignez la première partie réalisée en crochetant 1 ms dans celle-ci.
8/ à 9/ (2rgs) 1 ms ds chaq m (48m)
10/ 10 ms, 1 dim (x4) (44m)
11/ 9 ms, 1 dim (x4) (40m)
12/ 1 ms ds chaq m. (40m)
13/ 8 ms, 1 dim (x4) (36m)
14/ 1 ms ds chaq m. (36m)
15/ 7 ms, 1 dim (x4) (32m)
16/ 6 ms, 1 dim (x4) (28m)
17/ 5 ms, 1 dim (x4) (24m)
18/ 1 ms ds chaq m. (24m)
19/ 4 ms, 1 dim (x4) (20m)
20/ 3 ms, 1 dim (x4) (16m)
21/ 2 ms, 1 dim (x4) (12m)
22/ 1 ms, 1 dim (x4) (8m)
23/ 1 dim (x4) 1 ml, coupez le fil.

Le Coussin Liberty

Pour réaliser le coussin en Liberty, coupez 2 carrés de tissu de 11 cm de côtés, coutures comprises. Assemblez les parties endroit contre endroit à la machine ou à la main, en piquant à 1 cm du bord et laissez une ouverture de 4 cm. Retournez l'ouvrage sur l'endroit, rembourrez de ouate et fermez l'ouverture avec une couture invisible.

La Couverture

Prenez le fil Blanc. Tournez votre ouvrage à chaque rang.
1/ Montez une chaînette de 40 ml. (40m)
2/ à 24/ (23rgs) 1 ms ds chaq m. (40m) Prenez le fil Aviso Sorbet.
25/ à 29/ (5rgs) 1 ml, 1 ms ds chaq m. (40m)
30/ * 1 ml, sautez 1 m, 5 b ds la même m., sautez 1 m., 1ms * Répétez de * à * 10 fois, vous obtenez 10 motifs. À la fin du rg, crochetez 1 ms sur tout le tr en crochetant 3 ms dans les angles et terminez par 1 mc, 1 ml, coupez le fil.

Finitions : rentrez les fils sur l'envers. Placez la couverture et les coussins à l'intérieur du couffin.

Le couffin

La couronne et baguette de fée

La couronne et baguette de fée

Les petites filles vont adorer jouer à la princesse avec cet ensemble de couronne et baguette de fée.

Fournitures

1 pelote Myriade	1 baguette en métal de 19 cm
Ouate de rembourrage	Serre-tête
Crochet n°3	1 aiguille à tapissier

Points utilisés : mc, ml, ms, db, b.

Astuce : pour solidifier la couronne, remplissez d'eau un saladier, versez un verre de sucre, remuez le tout et plongez la couronne dans l'eau, laissez-la dans le mélange quelques minutes puis sortez-la et faites-la sécher à plat.

L'Étoile

1/ 10 ms dans un cercle magique. Serrez le cercle. (10m)
2/ 1 aug (x10) (20m)
3/ 1 ms, 1 aug (x10) (30m)
4/ 2 ms, 1 aug (x10) (40m)
5/ 3 ms, 1 aug (x10) (50m) Crochetez Les branches, pour cela tournez l'ouvrage à chaque rang.
6/ 1 ml, 10 ms (10m)
7/ 1 ml, 1 ms ds chaq m. (10m)
8/ 1 ml, 1 dim, 6 ms, 1 dim (8m)
9/ 1 ml, 1 ms ds chaq m. (8m)
10/ 1ml, 1 dim, 4 ms, 1 dim (6m)
11/ 1 ml, 1 ms ds chaq m. (6m)
12/ 1 ml, 1 dim, 2 ms, 1 dim (4m)
13/ 1 ml, 1 ms ds chaq m. (4m)
14/ 1 ml, 1 dim (x2) (2m)
15/ 1ml, 1 ms ds chaq m. (2m)
16/ 1 ml, 1 dim (1m) 1ml, coupez le fil.

Réalisez encore 4 branches en répétant les étapes des rgs 6 à 16 puis crochetez une nouvelle étoile en reprenant toutes les étapes des rgs 1 à 16.

La Baguette

1/ 8 ms dans un cercle magique. Serrez le cercle. (8m)
2/ à 55/ (54rgs) ms ds chaq m. (8m) 1 ml, coupez le fil.

La Couronne

Prenez le serre-tête. Tournez l'ouvrage à chaque rang.
1/ Crochetez 101 ms autour du serre tête.
2/ 1 ml, 10 ms, * 3 ml, sautez 3 m., 4 b ds la même m., 3 ml, sautez 3 m., 5 ms *, répétez de * à * 7 fois, 10 ms.
3/ 1 ml, 10 ms, * 3 m dans l'arceau de 3 ml, 1 db ds la 1ère b, 2 b ds la même m., 2 ml, 2 b ds la même m., 1 db, 3 ms ds l'arceau de 3 ml, 5 ms *, répétez de * à * 7 fois, 5 ms, 1 ml, coupez le fil.

Finitions : rentrez les fils sur l'envers. Assemblez les 2 parties qui composent l'étoile, envers contre envers en réalisant un tour de ms sur tout le contour de l'étoile. Crochetez 3 ms dans les angles et laissez une petite ouverture pour rembourrer de ouate et fixez la baguette. Insérez votre tige métallique à l'intérieur de la baguette et fixez-la à l'aide d'une couture dans la petite ouverture de l'étoile.

La couronne et baguette de fée

Ma jolie décoration

Le mobile oiseaux

Le mobile oiseaux

Ce mobile oiseaux, doux, poétique et décoratif composé de rouges-gorges et de cœurs, enchantera les petits !

Fournitures

- 1 pelote Partner 3.5 Vermillon
- 1 pelote Partner 3.5 Blanc
- 1 pelote Partner 3.5 Lichen
- 1 pelote Partner 3.5 Brume
- 2 bâtons de bois ou branches de 12 cm
- 1 support mobile en bois à 6 branches
- 1 aiguille à tapissier

Points utilisés : mc, ml, ms, b, db.

Les Oiseaux

Prenez le fil Vermillon.

1/ 6 ms dans un cercle magique. Serrez le cercle. (6m)

2/ 1 aug (x6) (12m)

3/ 2 ms, 1 aug (x4) (16m)

4/ 3 ms, 1 aug (x4) (20m)

5/ 1 ms ds chaq m. (20m)

6/ 4 ms, 1 aug (x4) (24m)

7/ à 10/ (4rgs) 1 ms ds chaq m. (24m) 1 mc, 1 ml, coupez le fil. Prenez le fil Blanc.

11/ 1 ms ds chaq m. (24m)

12/ 5 ms, 1 aug (28m)

13/ 1 ms ds chaq m. (28m)

14/ 5 ms, 1 dim (x4) (24m)

15/ 4 ms, 1 dim (x4) (20m)

16/ 3 ms, 1 dim (x4) (16m)

17/ 2 ms, 1 dim (x4) (12m) 1 mc, 1 ml, coupez le fil. Prenez le fil Lichen et crochetez la queue.

18/ à 20/ (3 rgs) 1 ms ds chaq m. (12m) 1 mc, 1 ml, coupez le fil.

Les Ailes

Prenez le fil Lichen.

1/ 6 ms dans un cercle magique. Serrez le cercle. (6m)

2/ 2 ml, sautez 1 m., 5 ms, 2db ds la m. suiv. (9m) 1 mc, 1 ml, coupez le fil.

Le mobile est composé de 6 oiseaux, 2 couples, et 2 oiseaux seuls. Crochetez encore 5 oiseaux identiques.

Les Cœurs

Prenez le fil Blanc.

1/ 6 ms dans 1 cercle magique. Serrez le cercle. (6m)

2/ 1 aug (x6) (12m) Crochetez une seconde partie en travaillant comme le rg 1 à 2, puis joignez la 1ère partie à la 2e en crochetant une ms ds celle-ci.

3/ à 4/ (2rgs) 1 ms ds chaq m. (24m)

5/ 4 ms, 1 dim (x4) (20m)

6/ 3 ms, 1 dim (x4) (16m)

7/ 1 ms ds chaq m. (16m)

8/ 2 ms, 1 dim (x4) (12m)

9/ 1 ms, 1 dim (x4) (8m)

10/ 1 dim (4m) 1 ml, coupez le fil.

Le mobile est composé de 6 cœurs, crochetez encore 5 cœurs identiques.

Les Feuilles

Prenez le fil Brume.

1/ 8 ml, tournez. (8m)

2/ 1 ml, 2 ms, 1 db, 1 b, 1 b, 1 db, 2 ms (8m) 1 ml, coupez le fil.

Les feuilles sont fixées aux branches, le mobile est composé de 4 feuilles. Crochetez encore 3 feuilles identiques.

Assemblage

Le mobile est assemblé de façon à répartir le poids et à l'équilibrer.

Le rouge-gorge seul est suspendu avec 1 cœur. Prenez du fil de coton Blanc solide et coupez une longueur de 40 cm. Transpercez le haut de la tête de l'oiseau et ressortez par la queue , faites 1 nœud pour le maintenir en place sur le fil, laissez une longueur de 12 cm puis ajouter le cœur sous l'oiseau. Faites un nœud sous celui-ci et coupez le surplus de fil. Procédez de la même façon pour le 2e oiseau qui sera placé en vis-à-vis sur la branche du mobile.

Le couple de rouge gorge est suspendu au centre de la branche et les 2 petites feuilles à droites de celle-ci. Prenez du fil de coton Blanc solide et coupez une longueur de 40 cm. Transpercez l'oiseau en passant par la queue et faites un nœud pour maintenir le fil, ressortez par la tête. Transpercez la tête du 2e oiseau puis ressortez par la queue, faites un nœud à nouveau. Fixez maintenant le couple d'oiseau sur la branche, pour cela, prenez le fil Brume, et la branche. Posez les oiseaux face à vous, positionnez la branche sur le rg 18, à hauteur du coloris Lichen, avec le fil Brume cousez la branche au corps des oiseaux cela forme des pattes. Procédez de la même façon pour le 2e couple d'oiseau qui sera placé en vis-à-vis sur la branche du mobile.

Les cœurs sont suspendus par 2. Prenez du fil de coton Blanc solide et coupez une longueur de 40 cm. Transpercez le 1er cœur par le haut, faites 1 nœud pour le maintenir en place. Laissez une longueur de 12 cm, puis ajoutez le 2e cœur. Faites un nœud à nouveau puis coupez l'excédant de fil. Procédez de la même façon pour la 2e suspension de cœur qui sera placée en vis-à-vis sur la branche du mobile.

Finitions : rentrez les fils sur l'envers. Fixez les ailes des oiseaux au rg 11 de chaque côté du corps. Brodez les yeux avec du fil à coudre noir au rg 7 séparés de 4 m., ainsi que le bec avec du fil à coudre jaune, au rg 9 entre les 2 yeux. Refermez l'ouverture de la queue par quelques points de couture.

Le mobile oiseaux

Le trophée lapin

Le trophée lapin

Suspendu sur un mur ou posé sur une commode, ce trophée lapin apportera une touche de décoration et d'originalité dans la chambre des enfants.

Fournitures

1 pelote de Cabotine 3.5 Craie
1 pelote de Cabotine 3.5 Sable
Du fil à coudre Noir pour le nez
Yeux de sécurité 8 mm
Ouate de rembourrage
1 crochet n°3
1 aiguille à tapissier
1 coupon de tissu découpé selon le gabarit + 1 cm de marge de couture
1 agrafeuse
2 morceaux de carton rigide découpés suivant le gabarit

Points utilisés : mc, ml, ms, b.

Note : le lapin se crochète en spirale. Une fois terminé et fixé au cadre, il mesure environ 23 x 29 cm.

La Tête

Commencez par le museau. Prenez le fil Craie.
1/ 6 ms dans un cercle magique. Serrez le cercle. (6m)
2/ 1 aug (x6) (12m)
3/ 2 ms, 1 aug (x4) (16m)
4/ 3 ms, 1 aug (x4) (20m)
5/ 4 ms, 1 aug (x4) (24m)
6/ 5 ms, 1 aug (x4) (28m)
7/ 6 ms, 1 aug (x4) (32m)
8/ 1 ms ds chaq m (32m)
9/ 7 ms, 1 aug (x4) (36m)
10/ 8 ms, 1 aug (x4) (40m)
11/ 1 ms ds chaq m (40m)
12/ 9 ms, 1 aug (x4) (44m)
13/ 10 ms, 1 aug (x4) (48m)
14/ 1 ms ds chaq m (48m)
15/ 11 ms, 1 aug (x4) (52m)
16/ 12 ms, 1 aug (x4) (56m)
17/ 1 ms ds chaq m (56m)
18/ 13 ms, 1 aug (x4) (60m)
19/ à 21/ (3rgs) 1 ms ds chaq m (60m)
22/ 13 ms, 1 dim (x4) (56m)
23/ 12 ms, 1 dim (x4) (52m)
24/ 1 ms ds chaq m (52m) 1 mc, 1 ml, coupez le fil.

Les Oreilles

Prenez le fil Craie.
1/ 6 ms dans un cercle magique. Serrez le cercle. (6m)
2/ 1 aug (x6) (12m)
3/ à 4/ (2rgs) 1 ms ds chaq m (12m)
5/ 2 ms, 1 aug (x4) (16m)
6/ 1 ms ds chaq m (16m)
7/ 3 ms, 1 aug (x4) (20m)
8/ 4 ms, 1 aug (x4) (24m)
9/ 1 ms ds chaq m (24m)
10/ 5 ms, 1 aug (x4) (28m)
11/ 6 ms, 1 aug (x4) (32m)
12/ 1 ms ds chaq m (32m)
13/ 7 ms, 1 aug (x4) (36m)
14/ à 17/ (4rgs) 1 ms ds chaq m (36m)
18/ 7 ms, 1 dim (x4) (32m)
19/ 6 ms, 1 dim (x4) (28m)
20/ 1 ms ds chaq m (28m)
21/ 5 ms, 1 dim (x4) (24m)
22/ 1 ms ds chaq m (24m)
23/ 4 ms, 1 dim (x4) (20m)
24/ 1 ms ds chaq m (20m)
25/ 3 ms, 1 dim (x4) (16m)
26/ 1 ms ds chaq m (16m)
27/ 2 ms, 1 dim (x4) (12m)
28/ 1 ms ds chaq m (12m)
29/ 1 ms, 1 dim (x4) (8m), 1mc, 1 ml, coupez le fil.
Crochetez une 2e oreille identique.

Le Cadre

Prenez le fil Sable.
1/ Montez une chaînette de 15 ml, fermées par 1 mc. (140m)
2/ à 3/ (2rgs) 1 ml, 1 ms ds chaq m. (140m)
4/ * Sautez une maille, 5 brides dans la même maille, sautez une maille, 1 ms * vous obtenez un 1er motif, répétez de * à * tout le tour, vous obtenez 35 motifs. À la fil du rg, procédez ainsi, sautez 1 maille, 5 brides, sautez une maille, 1 mc, 1 ml, coupez le fil.
Crochetez un lien pour suspendre le cadre. Reprenez le fil Sable.
1/ Montez une chaînette de 15 ml,fermées par 1 mc.
2/ 15 ms, 1 mc, 1 ml, coupez le fil.
Bordure du cadre :

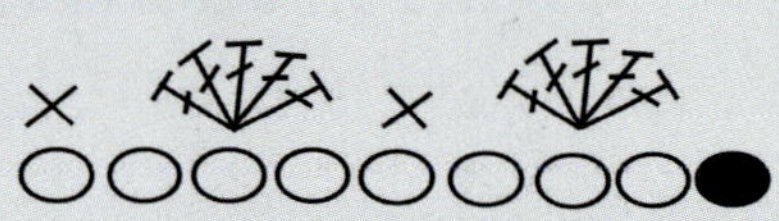

Les Finitions : prenez le gabarit en carton, fixez le coupon de tissu à l'aide de l'agrafeuse en veillant à bien tendre le tissu et fixez le cadre sur le carton. Positionnez et centrez la tête du lapin dans le bas du cadre à 5 cm de celui-ci. Placez quelques aiguilles autour de la tête et cousez la tête au carton à l'aide de l'aiguille à laine. Rentrez tous les fils sur l'envers. Fixez les yeux de sécurité au 15e rg, séparés de 12 m. Cousez les oreilles du lapin dans l'alignement des yeux directement sur le carton. Brodez le nez avec du fil à coudre noir. Cousez le lien de suspension du cadre au dos de celui-ci, dans le haut. Prenez votre second carton et fixez-le au dos du trophée à l'aide de quelques points de colle. Ainsi, le tissu et les coutures ne seront plus visibles.

Le trophée lapin

La chouette musicale

La chouette musicale

Fournitures

1 pelote Aviso 5 Sorbet	1 crochet n°5
1 pelote Cabotine 3.5 Blanc	1 crochet n°3
Yeux de sécurité 8 mm	1 boîte à musique
Ouate de rembourrage	1 aiguille à tapissier

Idéale dans une chambre d'enfant, Louise, la chouette musicale, bercera avec douceur les nuits des petits.

Points utilisés : mc, ml, ms.

Le Lien de suspension

Prenez le fil Blanc et le crochet n°3.

1/ Montez une chaînette de 18 ml. (18m) 1 ml, coupez le fil en laissant une longueur suffisante pour nouer solidement le lien.

La Tête et le Corps

Ils se crochètent en une partie.

Prenez le fil Sorbet et le crochet n°5.

La Tête

1/ 6 ms dans un cercle magique. Serrez le cercle. (6m)
2/ 1 ms, 1 aug (x6) (18m)
3/ 2 ms, 1 aug (x6) (24m)
4/ 3 ms, 1 aug (x6) (30m)
5/ 4 ms, 1 aug (x6) (36m)
6/ 5 ms, 1 aug (x6) (42m)
7/ à 10/ (4rgs) 1 ms ds chaq m. (42m)
11/ 5 ms, 1 dim (x6) (36m)
12/ 1 ms ds chaq m. (36m)
Fixez le lien au rg 1, au centre du cercle par quelques points de couture.

Le Corps

13/ 5 ms, 1 aug (x6) (42m)
14/ 6 ms, 1 aug (x6) (48m)
15/ à 21/ (7rgs) 1 ms ds chaq m. (48m)
22/ 6 ms, 1 dim (x6) (42m)
23/ à 24/ (2rgs) 1 ms ds chaq m. (42m)
25/ 5 ms, 1 dim (36m)
Insérez la boîte à musique.
26/ 1 ms ds chaq m. (36m)
27/ 4 ms, 1 dim (x6) (30m)
28/ 1 ms ds chaq m. (30m)
29/ 3 ms, 1 dim (x6) (24m)
30/ 1 ms ds chaq m. (24m)
31/ 2 ms, 1 dim (x6) (18m)
32/ 1 ms, 1 dim (x6) (12m) 1 mc, 1 ml, coupez le fil.
Refermez le corps par quelques points de couture et sortez la tirette de la boîte musicale.

Les Yeux

Prenez le fil Blanc et le crochet n°3.
1/ 6 ms dans 1 cercle magique. Serrez le cercle. (6m)
2/ 1 aug (x6) (12m)
3/ 1 ms, 1 aug (x6) (18m)
4/ 2 ms, 1 aug (x6) (24m) 1 mc, 1 ml, coupez le fil.
Fixez les yeux de sécurité au centre du cercle.
Crochetez un 2e œil identique.

Les Oreilles

Prenez le fil Sorbet et le crochet n°5.
1/ 6 ms dans un cercle magique. Serrez le cercle. (6m)
2/ 1 ms ds chaq m. (6m)
3/ 1 ms, 1 aug (x3) (9m)
Retournez l'ouvrage sur l'envers.
4/ 1 ms ds chaq m. (9m) 1 mc, 1 ml, coupez le fil.
Crochetez une 2e oreille identique.

Les Ailes

Continuez avec le fil Sorbet et le crochet n°5.
1/ 6 ms dans 1 cercle magique. Serrez le cercle (6m)
2/ 1 aug (x6) (12m)
3/ 2 ms, 1 aug (x4) (16m)
4/ à 7/ (4rgs) 1 ms ds chaq m. (16m)
8/ 2 ms, 1 dim (x4) (12m)
9/ 1 ms ds chaq m. (12m) 1 mc, 1 ml, coupez le fil.
Crochetez une 2e aile identique.

Le Ventre

Prenez le fil Blanc.
1/ 6 ms dans 1 cercle magique. Serrez le cercle. (6m)
2/ 1 aug (x6) (12m)
3/ 1 ms, 1 aug (x6) (18m)
4/ 2 ms, 1 aug (x6) (24m)
5/ 3 ms, 1 aug (x6) (30m)
6/ 4 ms, 1 aug (x6) (36m)
7/ 5 ms, 1 aug (x6) (42m) 1 mc, 1 ml, coupez le fil.

Finitions : rentrez les fils sur l'envers. Fixez les yeux au rg 10 séparés de 1 m et les oreilles à la tête au rg 5 séparées de 12 m. Cousez les ailes au corps au rg 13 de chaque côté de la tête puis, brodez le nez avec du fil à coudre orange au-dessous du niveau des yeux. Fixez le ventre 3 rgs au-dessous des yeux.

La chouette musicale

Le tapis ours polaire

Le tapis ours polaire

Bertil est un grand tapis ours polaire qui séduira petits et grands ! Moelleux, confortable et original, il mettra en valeur la décoration de la maison.

Fournitures

13 pelotes Partner 6 Blanc
Yeux de sécurité 10 mm
1 pelote Partner 3.5 Noir
Ouate de rembourrage
1 crochet n° 6
1 aiguille à tapissier

Points utilisés : mc, ml, ms.

Note : ce modèle se crochète en spirale. Toutes les parties du corps sont réalisées avec le fil Blanc. Une fois terminé, Bertil mesure 95 x 42 cm.

La Tête

1/ 6 ms dans un cercle magique. Serrez le cercle. (6m)
2/ 1 aug (x6) (12m)
3/ 1 ms, 1 aug (x6) (18m)
4/ 2 ms, 1 aug (x6) (24m)
5/ 3 ms, 1 aug (x6) (30m)
6/ 4 ms, 1 aug (x6) (36m)
7/ 5 ms, 1 aug (x6) (42m)
8/ 6 ms, 1 aug (x6) (48m)
Fixez les yeux de sécurité au rang 8 séparés de 10 m.
9/ 1 ms ds chaq m. (48m)
10/ 7 ms, 1 aug (x6) (54m)
11/ 8 ms, 1 aug (x6) (60m)
12/ 1 ms ds chaq m. (60m)
13/ 9 ms, 1 aug (x6) (66m)
14/ 10 ms, 1 aug (x6) (72m)
15/ à 22/ (8rgs) 1 ms ds chaq m. (72m)
23/ 10 ms, 1 dim (x6) (66m)
24/ 9 ms, 1 dim (x6) (60m)
25/ 8 ms, 1 dim (x6) (54m)
26/ 1 ms ds chaq m. (54m)
27/ 7 ms, 1 dim (x6) (48m)
28/ 1 ms ds chaq m. (48m)
29/ 6 ms, 1 dim (x6) (42m)
30/ 1 ms ds chaq m. (42m)
31/ 5 ms, 1 dim (x6) (36m)
32/ 4 ms, 1 dim (x6) (30m)
33/ 3 ms, 1 dim (x6) (24m)
34/ 2 ms, 1 dim (x6) (18m)
35/ 1 ms, 1 dim (x6) (12m) 1 mc, 1 ml, coupez le fil.
Refermez l'arrière de la tête par quelques points de couture.

Le Museau

1/ 6 ms dans un cercle magique. Serrez le cercle. (6m)
2/ 1 aug (x6) (12m)
3/ 2 ms, 1 aug (x4) (16m)
4/ 3 ms, 1 aug (x4) (20m)
5/ 4 ms, 1 aug (x4) (24m)
6/ 5 ms, 1 aug (x4) (28m)
7/ 1 ms ds chaq m. (28m)
8/ 6 ms, 1 aug (x4) (32m)
9/ 1 ms ds chaq m. (32m) 1 mc, 1 ml, coupez le fil.

Le Corps

1/ Montez une chaînette de 40 ml fermée par 1 mc. (40m)
2/ 1 ms ds chaq m. (40m)
3/ 3 ms, 1 aug (x10) (50m)
4/ 4 ms, 1 aug (x10) (60m)
5/ 1 ms ds chaq m. (60m)
6/ 5 ms, 1 aug (x10) (70m)
7/ 1 ms ds chaq m. (70m)
7/ 1 ms ds chaq m. (70m)
8/ 6 ms, 1 aug (x10) (80m)
9/ 7 ms, 1 aug (x10) (90m)
10/ 1 ms ds chaq m. (90m)
11/ 8 ms, 1 aug (x10) (100m)
12/ 9 ms, 1 aug (x10) (110m)
13/ à 14/ (2rgs) 1 ms ds chaq m. (110m)
15/ 10 ms, 1 aug (x10) (120m)
16/ 11 ms, 1 aug (x10) (130m)
17/ à 86/ (70rgs) 1 ms ds chq m. (130m)
87/ 11 ms, 1 dim (x10) (120m)
88/ 10 ms, 1 dim (x10) (110m)
89/ 1 ms ds chaq m. (110m)
90/ 9 ms, 1 dim (x10m) (100m)
91/ 8 ms, 1 dim (x10) (90m)
92/ 1 ms ds chaq m. (90m)
93/ 7 ms, 1 dim (x10) (80m)
94/ 6 ms, 1 dim (x10) (70m)
95/ 5 ms, 1 dim (x10) (60m)
96/ 4 ms, 1 dim (x10) (50m)
97/ 1 ms ds chaq m. (50m)
98/ 3 ms, 1 dim (x10) (40m)
99/ 2 ms, 1 dim (x10) (30m)
100/ 1 ms ds chaq m. (30m) 1 mc,1 ml, coupez le fil.

Les Pattes avant

1/ 6 ms dans 1 cercle magique. Serrez le cercle. (6m)
2/ 1 aug (x6) (12m)
3/ 2 ms, 1 aug (x4) (16m)
4/ 3 ms, 1 aug (x4) (20m)
5/ 4 ms, 1 aug (x4) (24m)
6/ à 25/ (20rgs) 1 ms ds chaq m. (24m)
26/ 1 dim, 22 ms (23m)
27/ 1 dim, 21 ms (22m)
28/ 1 dim, 20 ms (21m)
29/ 1 aug, 20 ms (22m)
30/ 1 aug, 21 ms (23m)
31/ 1 aug, 22 ms (24m)
32/ 1 aug, 23 ms (25m)
33/ 1 aug, 24 ms (26m)
34/ 1 aug, 25 ms (27m)
35/ 1 aug, 26 ms (28m)
36/ 1 aug, 27 ms (29m)
37/ 1 aug, 28 ms (30m) 1 mc, 1 ml, coupez le fil.
Crochetez une 2e patte identique.

Les Oreilles

1/ 6 ms dans un cercle magique. Serrez le cercle. (6m)
2/ 1 aug (x6) (12m)
3/ 2 ms, 1 aug (x4) (16m)
4/ 3 ms, 1 aug (x4) (20m)
5/ à 7/ (3rgs) 1 ms ds chaq m. (20m) 1 mc, 1 ml, coupez le fil.
Crochetez une 2e oreille identique.

Les Pattes arrière

1/ 6 ms dans 1 cercle magique. Serrez le cercle. (6m)
2/ 1 aug (x6) (12m)
3/ 2 ms, 1 aug (x4) (16m)
4/ 3 ms, 1 aug (x4) (20m)
5/ 4 ms, 1 aug (x4) (24m)
6/ 5 ms, 1 aug (x4) (28m)
7/ à 20/ (14rgs) 1 ms ds chaq m. (28m)
21/ 1 dim, 26 ms (27m)
22/ 1 dim, 25 ms (26m)
23/ 1 dim, 24 ms (25m)
24/ 1 aug, 24 ms (26m)
25/ 1 aug, 25 ms (27m)
26/ 1 aug, 26 ms (28m)
27/ 1 aug, 27 ms (29m)
28/ 1 aug, 28 ms (30m)
29/ 1 aug, 29 ms (31m)
30/ 1 aug, 30 ms (32m)
31/ 1 aug, 31 ms (33m)
32/ 1 aug, 32 ms (34m)
33/ 1 aug, 33 ms (35m) 1 mc, 1 ml, coupez le fil.
Crochetez une 2e patte identique.

La Queue

1/ 6 ms ds 1 cercle magique. Serrez le cercle. (6m)
2/ 1 aug (x6) (12m)
3/ 2 ms, 1 aug (x4) (16m)
4/ 3 ms, 1 aug (x4) (20m)
5/ 4 ms, 1 aug (x4) (24m)
6/ 5 ms, 1 aug (x4) (28m)
7/ 6 ms, 1 aug (x4) (32m)
8/ 1 ms ds chaq m. (32m)
9/ 7 ms, 1 aug (x4) (36m)
10/ 8 ms, 1 aug (x4) (40m)
11/ 8 ms, 1 dim (x4) (36m)
12/ 7 ms, 1 dim (x4) (32m) 1 mc, 1 ml, coupez le fil.

Finitions : rentrez les fils sur l'envers. Fixez le museau sur le milieu de la tête et les oreilles au rg 15, séparées de 13 m. Posez le corps bien à plat et fixez la tête au corps, pour cela, posez la tête sur celui-ci, accrochez quelques aiguilles pour la maintenir bien droite et cousez tout le pourtour. Brodez le nez avec du fil à coudre noir et fixez la queue de Bertil au dernier rang du corps au niveau de l'arrondi. Cousez les pattes avant de chaque côté de la tête, et les pattes arrière de chaque côté de la queue.

Le tapis ours polaire

Patron du trophée lapin

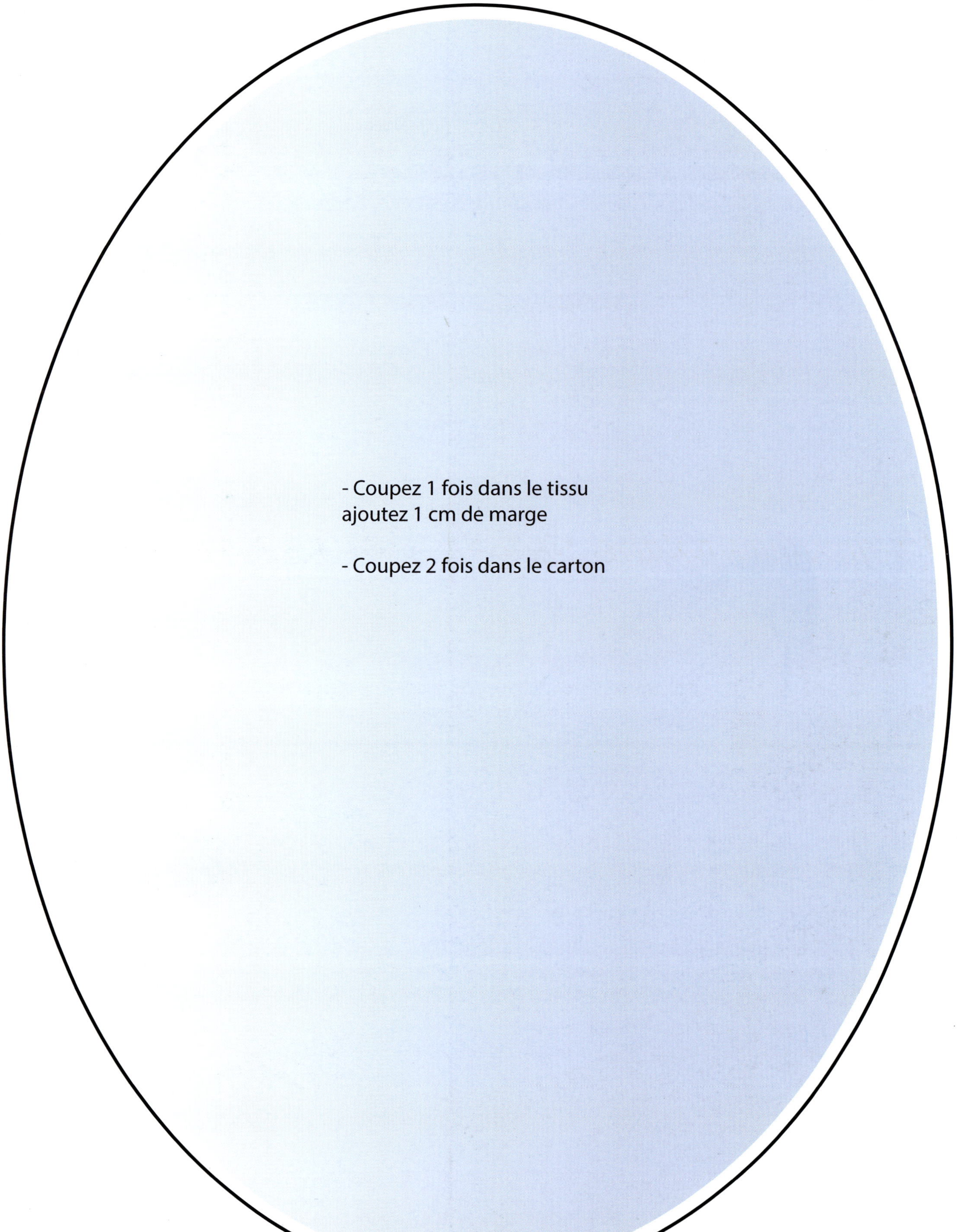

Remerciements

Amélie, une belle amitié et une vraie complicité m'ont accompagnée au cours de ces mois de créations, merci pour ta disponibilité et pour ton soutien.

Céline, maman de la petite Isaline et Claire, du petit d'Augustin n'ont pas hésité à faire participer leurs enfants lors de nos séances photos. Merci à Émilie qui à pris le temps de réaliser un joli travail à travers la douceur de ses photographies.

Je tiens à remercier tout particulièrement les partenaires de cet ouvrage. Phildar pour m'avoir fourni le stock de laine, Buttinette pour les différents accessoires, enfin Créavéa et Cousette pour les tissus.

Et merci à toute l'équipe Creapassion.com !

Adresses des sites partenaires :

www.phildar.fr

www.buttinette.com

www.creavea.com

www.cousette.com

Imprimé en U.E.

Dépôt légal : janvier 2016